Nur ein paar Stündchen

4H

Kleine Auszeiten für Naturliebhaber, Ruhesuchende und Entdeckerseelen: Wassererlebnisse, Naturlehrpfade, familientaugliche Radtouren und Spazierwege.

Raus für einen Tag

12H

Entspannte Trips ins Grüne für Geschichtsinteressierte, Abenteuerlustige und Stadtkinder. Historische Gemäuer und alte Sagen warten darauf, entdeckt zu werden.

Ferien für ein Wochenende

36H

Noch nicht genug Inn-Salzach? Vorschläge, für außergewöhnliche Wochenenden in der Region, die auf Trab halten oder bayerische Gemütlichkeit versprechen.

Abenteuer

ESKAPADEN

AUSZEIT

AUSGLEICH

Wochenende

LÄCHELN

STADT. LAND. FLUSS.

FREE

LEICHTIG-KEIT

ERLEBEN

GRÜN

kleine Fluchten

Wege

Lebensfreude

NATUR

GLÜCK

von Saskia Niedermeier
und Sonja Hoffmann

ABSTECHER AB SEITE 8

AUSFLÜGE AB SEITE 90

MINIURLAUB AB SEITE 172

LIEBE LESERIN, LIEBER LESER,

durch Auen und Wälder radeln, historische Städte und ihre Gastfreundschaft erkunden, auf majestätischen Flüssen und kleinen Seen dahinpaddeln, ganz entspannt die Ruhe genießen: All das kann man in der Region Inn-Salzach.

Geheime Ecken, versteckte Schätze, Naturschönheiten und historische Gemäuer warten darauf, entdeckt zu werden: mit dem Kajak oder SUP auf dem Wasser, entlang ausgedehnter Radtouren vorbei an Vogelschutzgebieten, zu Fuß auf alten Pilgerwegen, Naturlehrpfaden und Wanderwegen. Anschließend warten gemütliche Biergärten und urige Gasthäuser auf müde Abenteurer und heimelige Rückzugsorte auf entschleunigte Sinnsuchende.

Viele entspannte Entdeckertouren durch Inn-Salzach wünschen Ihnen, dir und euch

Saskia Niedermeier

Sonja Hoffmann

PS: Informationen zum GPX-Download gibt's auf Seite 224.

AUSZEIT.
ABENTEUER.
LEBENSFREUDE.

1. KAPITEL ABSTECHER

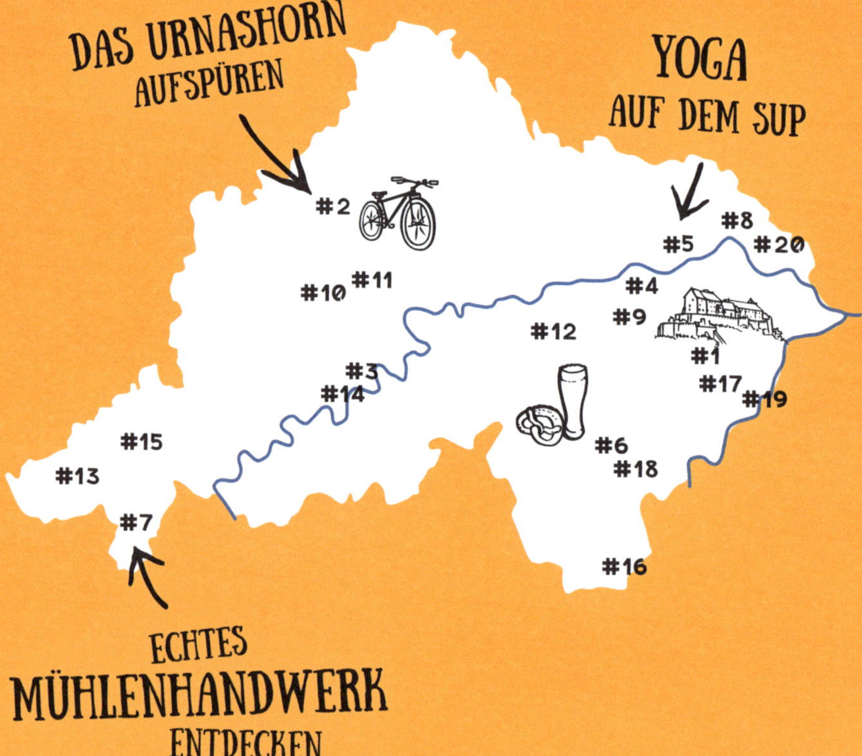

Nur ein paar Stündchen

Picknickkorb füllen, Badesachen packen, Wanderschuhe schnüren und nahegelegene Naturwunder anpeilen – auf zu kleinen Rauszeiten aus dem Alltag.

4H

Übers Wasser gehen

… in den Alzauen

#1

Mit Kindern darf es gerne ein bisschen abenteuerlich sein. Geheimnisvoll und was mit Tieren kommt auch immer gut. Wie passend, dass diese Tour diese Features vereint. Und dass man am Ende ein echtes Bauernhofeis zur Belohnung für die Mühen schlecken darf, schadet auch nicht.

#Matschtreten #Ersatzklamotten #eisigeBelohnung

Im Frühling gibt es auf und neben den matschigen Wegen im Auwald eine Menge zu entdecken – Tierspuren, Frühlingsblümchen und duftender Bärlauch warten.

Ende April will man unbedingt raus, auch wenn's geregnet hat. Alles beginnt zu blühen und es riecht so gut! Eine kleine Radtour durchs Naturschutzgebiet ist da genau das Richtige. Nachdem man die Ortsmitte hinter sich gelassen hat, geht es direkt an der Alz entlang weiter. Der Weg über den Damm ist gut befestigt und es radelt sich leicht.

Die erste Station ist die Infotafel, die darüber informiert, was es auf dem Wichtelweg zu sehen gibt, was eigentlich Brennen sind und wie man hier für den Artenschutz sorgt. Weiter geht es durch naturbelassene Wiesen, durch abgezäunte Weiden und den zauberhaften Frühlingswald. Auf den Weiden grasen Rinder, die diese Bereiche ganz natürlich offen halten. Wie es hier duftet! Der Bärlauch blüht und nicht nur der: Leberblümchen und Buschwindröschen, Löwenzahn und Lichtnelken leuchten überall aus dem Unterholz heraus. Eine Bestimmungs-App für Pflanzen befriedigt die Neugier, wenn man mal nicht weiß, was man vor sich hat.

Wenn man weiter nördlich kommt, führt der Weg von der Alz weg mitten in den Auwald um den Brunnbach hinein. Ein guter Ort, um Pause zu machen, ist das nördlichste Ende des Wegs, wo ein gemütlicher Picknicktisch steht und eine Brücke über den Brunnbach führt. Besonders mutige Kinder überqueren den Bach natürlich lieber auf den großen Steinen – Wechselklamotten bereithalten und vielleicht gleich die Schuhe und Socken ausziehen, bevor sie nass werden!

Ab hier wird es matschig, wenn es geregnet hat, aber ein bisschen plagen darf man sich ja auch. Auf schmalen, wurzeldurchsetzten Pfaden geht es zurück Richtung Emmerting. Augen offen halten, denn hier gibt es Biber und Feldhasen.

Zurück im Ort, führt der Weg an einem großen Bauernhof vorbei. Ein kleines Häuschen davor, die Eisalm, bietet das Beste an, was der Hof zu bieten hat: Eis von eigenen Kühen und hausgemachte Kuchen (www.eisalm.de). Kinder können sich auf dem Spielplatz gegenüber austoben oder im Stall vorbeischauen – besonders schön, wenn Kälbchen da sind.

Gemütliche Wiesenwege wechseln sich mit kleineren Waldpfaden ab, mal ganz nah am Ufer, mal an Weiden vorbei oder durch Felder. Am Ende wartet ein leckeres Bauernhofeis oder ein selbstgemachter Kuchen als Belohnung.

FAZIT: KURZE RADTOUR FÜR FAMILIEN NAH AM WASSER.

Hin & weg: Entweder bequem mit dem Bus zur Haltestelle Emmerting Staatsstraße oder mit dem Auto zum Parkplatz an der Heilig-Geist-Kirche, Untere Dorfstraße.

Beste Zeit: Zur Bärlauchblüte Ende April/Anfang Mai.

Dauer & Strecke: 1 Std. für 11 km und 40 hm; (mit Pausen 2 Std.).

Ausrüstung: Fahrräder und Helme, robuste Schuhe, Wechselklamotten, Brotzeit.

innsalzach
STATION 4
Die Suche nach
dem verschollenen
Ur-Nashorn

→ Abstecher …

In die Tertiär-welt eintauchen

… auf Urzeitpfaden in Oberbergkirchen

#2

Die Eintagsfliegen summen, der Klipp-schliefer schnarrt und die Urwaldbäume rauschen – so richtig in das Tertiär versetzt fühlt man sich erst, wenn man Oberbergkirchen in einer GPS-Tour erkundet. Auf einer spannenden Suche nach dem Urnashorn müssen Rätsel gelöst und eine Forscherin gerettet werden.

#Krokodilspuren #Sommerschnee #kurzundknackig

Zwischen Einfamilienhäusern und der Grundschule soll der Weg in die Tertiärwelt beginnen? Kann man hier richtig sein? Einfach mal

geparkt (die Locandy-App und die GPS-Tour sollte man schon im heimischen WLAN herunterladen) und das Hörspielabenteuer gestartet. Ja wirklich, hier an der Grundschule geht's los, ab in die Zeitmaschine!

Ein professioneller Sprecher führt Interessierte in den Auftrag ein und schon hat man das volle Indiana-Jones-Feeling: Die Forscherin Tertia mit ihrem Klippschliefer Dassie ist auf der Suche nach einem Urzeitnashorn verschollen, dessen DNA sie braucht. Jetzt aber schnell. Kinder wie Erwachsene sind voll bei der Sache, denn es gilt ja, ein aufregendes Abenteuer zu bestehen.

Auf den Pfaden des Naturlehrpfades Tertiärwelt Aubenham führt das Abenteuer von

In Aubenham wurden viele fossile Pflanzenreste gefunden und datiert – daraus entstand der Tertiärwald, durch den die GPS-Tour führt.

Station zu Station, das Handy leitet die Abenteurlustigen per GPS (www.inn-salzach.com/gps-touren), die Rätsel sind gar nicht so leicht, aber es gibt Hinweistafeln und zusätzliche Infos in der App. Nebenbei erfährt man eine Menge über die Urzeitlandschaft, ihre Tiere und Pflanzen und man kann im Frühjahr viele interessante Entdeckungen machen. Die Walderdbeeren werden reif, alles blüht, und wenn die Weiden ihre Samen in flauschigen Flöckchen hervorbringen, dann schneit es auch im Sommerwald.

Ein, zwei Treppen nach oben, auf dem Weg sammelt man noch ein paar virtuelle Gegenstände ein, die man später braucht, und ein paar wirkliche wie Wanderstöcke und Sommerschneebälle. Der Wald ist eingewachsen, alte Bäume wurden gepflanzt, die vor Millionen von Jahren hier standen. Wenn man schließlich wieder aus den Kronen auftaucht, streift der Blick über das heutige Inn-Salzach Hügelland bis zum Horizont – eine Fernsicht zum Verlieben.

Ganz am Ende wartet wieder die Grundschule auf die Abenteurergruppe – dort hat die Gemeinde eine Ausstellung eingerichtet zum Tertiär und es ist zugleich die letzte Station der kurzweiligen GPS-Tour. Ob man die urzeitliche Elsbeere wohl wirklich rund um Oberbergkirchen finden kann? Und wie sieht es mit der DNA des Urnashorns aus?

FAZIT: SPANNENDE, KURZWEILIGE TOUR MIT HÖRSPIELSPAß, DIE GARANTIERT NICHT ZU LANG IST. IDEAL MIT KINDERN, OB GROß ODER KLEIN.

Hin & weg: Vom Bahnhof Ampfing sind es 15 min mit dem Bus bis zur Haltestelle Oberbergkirchen; Parkplatz Grundschule Oberbergkirchen.

Beste Zeit: Im Frühsommer.

Dauer & Strecke: 1 Std. für 1,5 km.

Ausrüstung: Aufgeladenes Smartphone mit Locandy-App.

→ Abstecher …

Auf ufernahen Wegen

… durch Waldkraiburgs Inntal

#3

Wasser ist Leben und es ist wandelbar. Ein Spaziergang zu einem alten Brunnen und am Fluss entlang. Mittendrin die beeindruckende Wallfahrtskirche Mariä Himmelfahrt. Die Wiesen lassen ein buntes Blumenmeer aus der braunen Erde wachsen. Es duftet. Nach Holunder, Flieder, Rosen!

#machmalPause #trinkdichsatt #Naturpur

Das Wasser aus dem artesischen Brunnen gilt bei den Einheimischen als besonders gesund.

Vom Dörfchen St. Erasmus aus führt ein Weg durchs Inntal, dreimal am Wasser vorbei und dreimal anders. Hinter der Kirche findet man den Einstieg in die Auen des Inns, die hier als Flora-Fauna-Habitat geschützt sind. Mächtige Weiden glitzern silbern und das grüne Gletscherwasser des Inns gurgelt leise. Der Holunder blüht mit wilden Rosen um die Wette und auf den Wiesen flattern Schmetterlinge. Wer dem Rauschen des Wassers etwas Meditatives abgewinnen kann, macht eine Pause auf einer der Bänke am Ufer und schließt eine Weile die Augen.

Der Weg führt bis zur Innbrücke, wo man gut einen Abstecher hinunter zum Ufer machen kann. Kurz danach hat man die beste Aussicht auf den mittelalterlichen Markt Kraiburg, das Kirchlein St. Nikolaus, die große Pfarrkirche St. Bartholomäus und die kleine Schlossbergkapelle, die weit übers Inntal schaut. Kurz die Füße auf den runden Steinen massiert und die Zehen ins kühle Wasser gesteckt, weiter geht's.

In Richtung Waldkraiburg kommt der zweite Aspekt des Wassers auf uns zu. Die wunderbare Wallfahrtskirche Mariä Himmelfahrt in Pürten lädt dazu ein, eine Pause an ihren kühlen Mauern zu machen. Wer will, geht hinein, tupft sich einen Tropfen Weihwasser auf und lässt die Stille auf sich wirken. Die spätgotische Kirche wurde um 1400 herum errichtet und die Wallfahrtsmadonna »Sancta Maria speciosa ad portam« ist ein um 1425 entstandenes Werk des Meisters von Seeon.

Gegenüber kann man sich im Hofladen der Brunnhubers eine Stärkung mitnehmen, bevor man den Innkanal überquert (www.biohofpuerten.de). An seinen Ufern entlang wandert man bis zum Waldrand, wo das dritte

---

Hin & weg: Vom Bahnhof Waldkraiburg sind es noch 20 min mit dem Bus bis nach St. Erasmus.

Beste Zeit: Ende Mai, wenn alles sprießt.

Dauer & Strecke: 2,5 Std. für 7 km; (mit Pausen 3 Std.).

Ausrüstung: Brotzeit und Wasserflaschen für das reine Artesi-Wasser.

Dem ruhig dahinfließenden Inn lauschen oder die Stille in der Kirche genießen – auf dieser Runde kann man wunderbar abschalten. Wege am Wasser haben etwas besonders Beruhigendes.

Mal Wasser gurgelt. Ein unscheinbarer Brunnen unten am Hang. Er war früher ein Teil der Wasserversorgung Waldkraiburgs und ist ein Teil des Wegs der Geschichte der jungen Stadt. Brunnenanlagen und Bunker sind am Pürtener Berg noch zu sehen. Das stetige Plätschern hat etwas Beruhigendes. Wanderer erfrischen sich direkt aus der Quelle und füllen ihre Flaschen mit dem reinen Wasser auf, bevor das letzte Wegstück zurück nach St. Erasmus führt.

FAZIT: GEMÜTLICHE INNTALWANDERUNG MIT FASZINIERENDEN EINBLICKEN UND TOLLEN AUSSICHTEN, BESONDERS WENN LANGSAM DIE SONNE UNTERGEHT.

STADT, LAND, FLUSS

... durch Neuötting an den Inn

#4 *Stadtspaziergang? Feldweg durch's Grüne? Kopf aus dank meditativem Flussrauschen? Wer sich nicht so recht entscheiden kann, geht seine Feierabendrunde über Dom, Damm und Deich. Anschließend locken die Shopping-Arkaden und die Brauerei Müllerbräu.*

#InnSalzachArchitektur #ArkadenGänge #alleWegeführenzumDom

Mächtig fließt der Inn in seinem breiten Bett. Wenn er hauptsächlich Gletscherwasser führt, ist er leuchtend türkis.

Kunterbunt und farbenfroh heißen die Häuserfassaden am Neuöttinger Stadtplatz willkommen. Ein sonniges Plätzchen in einem Café ergattert, startet man den Tag am besten mit einem ordentlichen Frühstück und Blick auf die Inn-Salzach-Bauweise, welche den gesamten Stadtplatz kokonartig umhüllt und ihm ein ganz besonderes Erscheinungsbild verleiht.

Putzmunter und für den Tag gestärkt geht es los mit dem abwechslungsreichen Spaziergang. Vorbei an der Stadtpfarrkirche St. Nikolaus führt der Weg durch das Landshuter Tor den alten Stadtberg hinunter. Die Holzhauser Straße leitet kurze Zeit durch eine Wohnsiedlung, bevor man urplötzlich mitten im Grünen steht, die Bienen summen hört und die Luft schon ein wenig nach Wasser schmeckt.

Begleitet vom St. Anna-Bach, den Dom des Inntals immer im Nacken sitzend, lenkt der Feldweg durch die grüne Lunge der Stadt, bis hinunter zum Inn. Die Verlockung ist groß, sich für den Spazierweg auf dem Damm zu

Die historischen Stadthäuser protzen mit ihren schmucken Scheinfassaden.

entscheiden. Es empfiehlt sich aber, dem Fischbach zu folgen und ihn bis zur Innbrücke zu begleiten. Richtig imposant wirkt der Alpenfluss, wenn man auf der Mitte der Brücke steht. Einmal überquert, heißt es: Damm ab.

Damm, Deich und Dom gehen ab hier stets Hand in Hand. Lediglich am Zusammenfluss von Isen und Inn wechselt der Spaziergänger für ein paar Meter die wässrige Begleitung, um nach einem kurzen Abstecher weg vom Ufer direkt von der Moll-Lacke zum Plantschen eingeladen zu werden.

Nach einem ausgiebigen Sonnenbad geht es weiter des Weges, bis die Innbrücke ins Sichtfeld rückt und schließlich den Weg versperrt. Wieder zurück auf der ursprünglichen Uferseite geht es geradeaus, bis der Sonnenweg auf die Hauptstraße mündet. Links abgebogen, führt die weitere Straße zum Stadtweiherweg und somit unterhalb der Hänge des Stadtberges entlang.

Über die Brunnhausgasse geht es wieder hinauf. Das Burghauser Tor empfängt den fleißigen Spaziergänger bereits und hält seinen arkadengesäumten Teppich für eine kleine Shoppingtour bereit. Geschützt vor der Sonne, lohnt sich definitiv ein Schaufensterbummel, der ein oder andere Blick nach oben Richtung Dachgiebel oder zwischen den Häuserzeilen hindurch. Vor den Toren des Stadtplatzes befinden sich die Gemäuer der Brauerei Müllerbräu (www.muellerbraeu.de). Bei einer geführten Tour kann man Wissenswertes über die Kunst des Bierbrauens erfahren. Wenn man Glück hat, kann man im Keimkasten süffiges frisches, unfiltriertes Kellerbier direkt aus dem Holzfassl verkosten (www.keimkasten.de). Na dann, Prost!

Hin & weg: Mit dem Zug zum Bahnhof Altötting, weiter mit dem Bus zur Haltestelle Müllerbräu, oder mit dem Auto direkt am Neuöttinger Stadtplatz parken.

Beste Zeit: Frühsommer, wenn die Blumenwiesen blühen und die Temperaturen schon zum Baden einladen.

Dauer & Strecke: Mit gemütlichem Cafébesuch, einer Runde durch die Moll-Lacke und Bummeln unter den Arkaden gerne einen halben Tag einplanen, 8 km Spazierweg.

Ausrüstung: Badesachen, Wanderrucksack und Shopper.

Zwei historische Besonderheiten im bayerischen Neuötting: der „Dom des Inntals", die Kirche St. Nikolaus, und die Brauerei Müllerbräu, die schon 1768 erstmals erwähnt wurde.

Tipp: Scheinfassaden des Inn-Salzach-Baustils, die nach oben gezogenen Häuserfronten, die meist das Dach verstecken, wurden nach verheerenden Feuersbrünsten eingeführt und sind über Neuötting hinaus in der gesamten Inn-Salzach-Region zu finden.

FAZIT: DIE MISCHUNG MACHT'S! EGAL OB SONNE ODER REGEN, BIER ODER APEROL, SPAZIEREN ODER SHOPPEN, NEUÖTTING BIETET DIE VOLLE PALETTE.

DIE BALANCE FINDEN

... am Peracher Badesee

#5

Stand-up-Paddling und Yoga bedeutet Asana-Praxis, Atemübung und Meditation in direkter Verbindung mit dem Element Wasser. Eingebettet zwischen den Naturelementen, kann der herabschauende Hund bei fehlender Balance schon mal ein sehr nasser Hund werden.

#SUPYoga #BalanceAkt #ElementWasser #YogaimGrünen

Vom Wasser treiben lassen und die Wolken beim Vorbeiziehen beobachten, Entschleunigung pur.

Die wichtigste Frage zuerst: Was genau ist eigentlich mit SUP-Yoga gemeint? SUP-Yoga hat sich zu einer Trendsportart entwickelt und verbindet die alte indische Lehre des Yoga mit dem modernen Stand-up-Paddeln aus Hawaii. Vom Prinzip her wird die Yogamatte einfach gegen das SUP-Board getauscht. Oberstes Gebot: Gleichwicht halten, sonst wird es feucht fröhlich.

Bevor es aufs Wasser geht, bietet sich der zwischen Inn und Hügelkette des Holzlandes eingebettete Peracher Badesee ideal an, um sich mit einer Runde Joggen wach- und warmzulaufen. Ein Stück des Weges führt auf dem bekannten Innradweg entlang. Einmalig, denn hier läuft man auf einem kleinen Landstrich zwischen Fluss und See hindurch.

Das Gewässer selbst ist zur Hälfte zum Baden freigegeben. Die andere Seite des Sees ist Naturschutzgebiet. Mit dem SUP-Board bieten sich die Einstiegstellen oder, noch besser, einer der Holzstege ins Wasser an. Mit wackeligen Füßen paddelt man zunächst ein, zwei Runden am Ufer entlang, bis sich der Körper an die schaukelnde Bewegung angepasst hat.

Perfekt, langsam haben sich die Beine an die Haltung auf dem Luftbrett gewöhnt. Noch ein paar Schläge mit dem Paddel Richtung Seemitte und dann austreiben lassen. Wie schön

friedlich hier alles ist. Die Vögel zwitschern, die Enten spielen im Wasser. Inzwischen hat die Ruhe der Natur auch auf den Geist abgefärbt. Mit geschlossenen Augen kann man die sanften Wellen des Wassers noch deutlicher spüren. Der Atem wird gleichmäßig und ganz tief. Die Gedanken treiben vorbei, wie die Wolken am Himmel, und ein meditativer Zustand stellt sich ein. Mit dieser Ausgeglichenheit kann auch beim Fließen durch die einzelnen Asanas (Stellungen) nichts schieflaufen. Für den Start sind entspannende Haltungen, wie

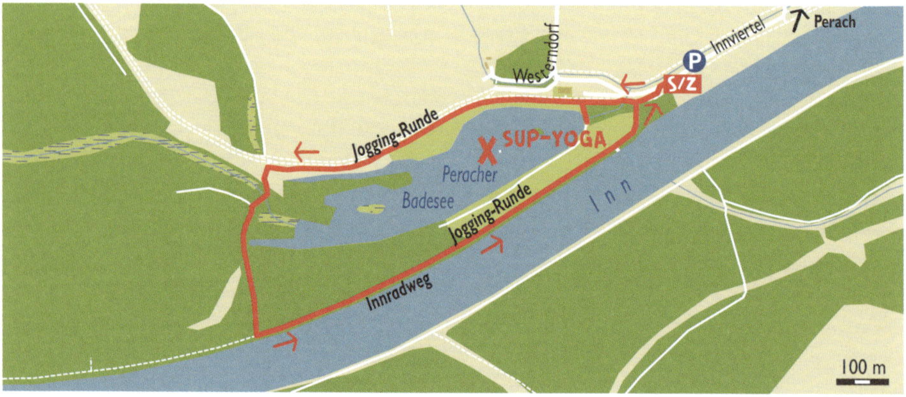

Immer in der Balance bleiben muss man beim Yoga auf dem SUP, sonst wird's ganz von selbst ein Badeausflug.

die Kobra oder Taube, genau richtig. Der liegende Schmetterling mit Blick in die Luft wirkt fast magisch, wenn man dabei auf dem ruhigen See treibt.

Spannender wird es in den Standhaltungen. Wer sich nicht vor dem erfrischenden Wasser scheut, kann vorsichtig mit der Haltung des Baumes starten und sich bis zu Krieger drei vorarbeiten. Yoga-Profis, die ihre innere Balance gefunden haben, versuchen sich am anspruchsvollen Kopfstand.

Gut durchbewegt zieht man schließlich noch eine Runde durch das Wasser, bevor die riesige Liegewiese mit ihren schattenspendenden Bäumen geradewegs dazu einlädt, sich noch ein paar Minuten Zeit zu nehmen, um seine Gedanken niederzuschreiben und anschließend in einem guten Buch zu versinken.

FAZIT: BALANCE-, TIEFENMUSKULATUR- UND KONZENTRATIONSTRAINING VOM FEINSTEN!

Hin & weg: Parken kann man direkt am Peracher Badesee, Innviertel 10, Perach.

Beste Zeit: Frühmorgens, bevor die anderen Badegäste eintrudeln, www.inn-salzach.com/badesee-perach

Dauer & Strecke: Gute 2 km sind es einmal um den See herum, mit SUP-Yoga und Sonne tanken auf der Seeterrasse kann man mindestens 2 Std. am See verbringen.

Ausrüstung: SUP-Board, Badesachen, Laufschuhe, Achtsamkeitstagebuch.

Durch die Pfützen hüpfen

… vom Margarethenberg bis Oberschroffen

#6

Bei Regen draußen zu sein ist nur eine Frage der richtigen Ausstattung. Gummistiefel, Regenjacken und eine gewisse Grund-Sommerhitze sind aber notwendig für den richtigen Spaß beim Pfützenhüpfen. So wird die kleine Wanderung zum abwechslungsreichen Familientag.

#wennichmichnichtfreueregnetsauch #Gewitteraussicht #plitschplatsch

Auf dem Margarethenberg im Burgkirchener Ortsteil Hirten kommen gleich mehrere Wanderwege an – der Pluto beschließt den Planetenweg, der Ritter Pabo den Geschichtsweg und der St. Rupert-Pilgerweg führt ebenfalls über den Hügel. Aber auch als Start taugt der Margarethenberg – im Sommer nach einem kräftigen Sommerregen perfekt zum Pfützenhüpfen. Eine große wartet direkt am Parkplatz, aber die hebt man sich für das Ende auf. Erst einmal geht es immer bergab und einmal quer durch Hirten. Gut zu wissen ist auch, dass man hier an einem großartigen bayerisch-italienischen Biergarten, dem Sale e Pepe, vorbeikommt, deshalb plant man die Tour am besten so, dass man gegen Spätnachmittag wieder dort anlangt.

Hin & weg: Zur Bushaltestelle Hirten Alzbrücke oder mit dem Auto zum Parkplatz Margarethenberg.

Beste Zeit: Bei Sommerregen oder kurz danach.

Dauer & Strecke: 2 Std. für 5,5 km und 130 hm.

Ausrüstung: Gummistiefel, Regenjacken und Schirme.

Die Kirche auf dem Margarethenberg ist herrlich ausgestattet. Die Alz hat das Land geprägt und ist heute noch wichtig für Mensch und Natur.

Aber jetzt führt der Weg weiter bis zur Alzbrücke, die einen wunderbaren Blick zum Durchatmen bietet. Von der Brücke aus schaut man gerade nach unten, mindestens eine Minute lang. Die Alz schmiegt sich an dieser Stelle meditativ in ein buntes Steinbett und wispert leise. Ein Stück weiter steht eines der Alzkraftwerke, das sogenannte Carowerk. Es wurde 1919 fertiggestellt und ist Teil der lokalen Industriegeschichte. Die dort gewonnene rein regenerative Energie trug zum Aufschwung der in der Region wichtigen Chemieindustrie bei.

Am beschaulichen Oberschroffen vorbei führt der Weg am Hang entlang in den Wald hinein. Dort findet man einen Naturschatz: »Geologische Orgeln« nennt man die Verwitterungsschlote in einem Schotterkonglomerat, die als Naturdenkmal geschützt sind. Die bis zu zehn Meter hohen Formationen entstanden durch intensive Lösungsverwitterung während einer Warmzeit. Und verändern sich weiterhin. Nahe hin oder daran herumklettern kann man deshalb natürlich nicht.

In einem großen Bogen verlässt man das beeindruckende Geotop und kehrt über Land nach Hirten zurück.

Bevor es zurück zum Margarethenberg geht, wird jetzt Pause gemacht. Bevorzugt natürlich unter alten Kastanienbäumen und bei einem kühlen Bier – wenn die Sonne schon wieder scheint.

FAZIT: SCHÖNE WANDERUNG, DIE AUCH BEI REGEN INTERESSANT IST.

DINKEL, EINKORN, EMMER

... durch's Urgetreide um Rechtmehring

#7 *An Bächen entlang, über Getreidefelder hinweg, durch Wälder hindurch auf den Spuren eines bayerischen Traditionshandwerks. Für Abkühlung sorgt das Kneippbecken an der ehemaligen Kumpfmühle, für den vollen Einkaufskorb der hauseigene Laden der Drax-Mühle.*

#Mühlenschätze #typischbayerisch #Kneipppause #Naturpur

→ ABSTECHER …

Bei Rechtmehring gibt es nicht nur Kirchen, wie hier St. Korbinian, sondern vor allem viele Orte, wo einst Mühlen standen.

Dem Tagesmotto getreu beginnt das Wandervergnügen direkt am Altdorfer Mühlbach. Genauer gesagt, am Naturfreibad in Haag in Oberbayern. Aber halt! Die Belohnung für den zehn Kilometer langen Marsch gibt es erst nach getaner Arbeit.

Geparkt, gepackt und losgelaufen. Gleich die ersten Meter Richtung Süden führen zur Adresse Starnhöllmühle und an eine Weggabelung, die sowohl Anfang als auch Endpunkt des Spazierweges sein wird. Rechts abgebogen, begrüßen Schafe die Wanderer, die die Weihermühle links liegen lassen, der gleichnamigen Straße immer weiter folgen und an den Gewässern in Reit die Schwäne und ihren Nachwuchs beobachten.

Immer weiter führt der Weg über blühende Wiesen und Felder, an einer Pferdekoppel vorbei und schließlich ein kurzes Wegstück entlang des Walderlebniswegs der Gemeinde Rechtmehring. Jetzt ist das Zwischenziel nicht mehr weit. Die kleine Ortschaft einmal

durchquert, befindet sich an der alten Mühle am Kumpfmühlbach ein liebevoll gestaltetes Kneippbecken, welches mit seinem Barfußpfad eine wohlverdiente Verschnaufpause regelrecht einfordert.

Erfrischt und erholt geht es nun zurück über die Auenstraße, vorbei an glucksenden Puten und Maisfeldern mit Blick in die Weite und Richtung Alpen. Die Wegstrecke führt in den Wald hinein und hinauf zur Filialkirche St. Maria. Steinerne Treppenstufen führen wieder hinunter und über den Hochhauser Bach zurück zur Straße. Der Weg führt links entlang, doch ein Abstecher nach rechts lohnt sich allemal. Hier befindet sich die letzte von vier Mühlen am Hochhauser Bach, die Drax-Mühle (www.drax-muehle.de).

Mühlen prägten einst das bayerische Landschaftsbild, doch heute sind sie rar gesät. Wer sich für das Traditionshandwerk interessiert, kann nicht nur im Mühlenladen stöbern, sondern auch an einer Mühlenführung teilnehmen. Schwer bepackt stehen nun die letzten zwei Kilometer bevor, doch die Aussicht auf einen Sprung ins kühle Nass treibt die Beine weiter an.

Und da ist sie auch schon wieder. Die Kreuzung an der Starnhöllmühle. Noch schnell die Einkäufe im Auto verstaut und die Badesachen geschnappt, bevor das Naturbad erobert wird. Das große Becken hat übrigens einen natürlichen Untergrund, das Wasser ist ungechlort und wird rein durch biologische Prozesse gereinigt.

Im Naturfreibad Haag belohnen müde Wanderer ein weitläufiger Naturbadesee und eine schattige Liegewiese.

FAZIT: NACHHALTIGKEIT UND REGIONALITÄT IN EINER DER WENIGEN VERBLIEBENEN HANDWERKSMÜHLEN IN BAYERN EINMAL HAUTNAH ERLEBEN.

Hin & weg: Buslinien von München, Waldkraiburg, Mühldorf, Schwindegg nach Haag i. OB. Mit dem Auto zum Parkplatz am Naturfreibad Haag i. OB, Freibadstraße 10.

Beste Zeit: Mitte April bis Mitte Oktober.

Dauer & Strecke: 4 Stunden für 10 km.

Ausrüstung: Badesachen und viel leeren Platz im Rucksack.

BACHBADEN MIT BÄREN-HÖHLE

… auf dem Weg nach Leonberg

#8

Leonberg, das hört sich nach Gipfel an. Tatsächlich gab es dort an erhabener Stelle einmal eine Burg der Grafen zu Leonberg aus dem 12. Jahrhundert. Geblieben sind die wunderbare Aussicht, die beeindruckende Bärenhöhle und am Ende eine kleine Kirche mit Geschichte.

#Naturpur #Ersatzklamotten #Erdmalerei #Badewetter

Durch den Hangwald geht es steil nach oben – deshalb wird der Natur hier weitgehend freien Lauf gelassen.

Zwischen Marktl und Perach mit ihren beiden ausgedehnten Badeseen versteckt sich ein kleiner Wanderparkplatz an der Straße. Der schattige Naturwald wächst dort wie ein grünes Wolkenmeer die Innkante hinauf. Der vom Fluss ausgewaschene Hang, den das Wasser in Millionen Jahren zu einem einzigartigen Naturschatz geformt hat, ist Lebensraum für viele selten gewordene Tier- und Pflanzenarten.

Nach ein paar Hundert Metern überquert man einen breiten Bach auf ein paar verstreuten Steinquadern. Der schattige Platz am Bach mit seiner Bank und dem klaren, flachen Wasser wäre auch ein gutes Ziel für eine Wanderung. Aber man kommt auf dem Rückweg nochmal vorbei. Der Weg führt einen schmalen, zum Teil steilen Pfad hinauf – unter uralten Bäumen entlang, vorbei an Pilzkolonien, begleitet von Vogelgezwitscher und, wenn man Glück hat, den Rufen des Mäusebussards. Zwischendurch leuchtet die Dachlwand heraus, in der seltene Vogelarten nisten. Das lockere Erdreich ist an vielen Stellen sichtbar, und für Kinder gibt es eine tolle Möglichkeit, spielerisch etwas Wissenswertes zu entdecken: einfach die Augen offenhalten und je eine Handvoll Erde in ihren unterschiedlichen Färbungen in kleinen Plastikdosen mitnehmen.

Fast schon oben angekommen, zeigen Wegweiser nach rechts und nach links. Links wartet die Leonberger Aussicht. Dort thronte einst eine Burg über dem Inn. Heute zeugt davon nur noch der Burgstall, aber eine Infotafel informiert über die majestätische Vergangenheit. Am Picknicktisch kann Pause gemacht und der beeindruckende Ausblick über das Inntal bis hin zur Alpenkette genossen werden. Hier ist außerdem eine gute Gelegenheit, die Dosen wieder auszupacken und zu bestaunen, wie unterschiedlich Erde sein kann. Wer will, nimmt ein Papier mit und malt darauf ein »Erdgemälde«, dann sieht man die Unterschiede noch genauer.

Den Tisch wieder sauber gemacht, geht es mit frischer Kraft ein Stück zurück bis zur Kreuzung. Jetzt folgt man dem anderen Wegweiser zur Bärenhöhle. Der Nagelfluh-Überhang ist ganz schön mächtig, das macht es leicht, sich vorzustellen, dass sich dort in früheren Zeiten eine Bärenfamilie im Winter aneinandergekuschelt hat.

Schließlich kommt man aus dem Wald heraus und an einigen Höfen vorbei, bis die hübsche Kirche St. Sebastian am Wegrand auftaucht. Sie wurde schon 1586 erbaut, und zwar aus Steinen der ursprünglichen Schlosskapelle,

---

Hin & weg: Am besten reist man mit dem Auto an und parkt am Wanderparkplatz unterhalb von Leonberg.

Beste Zeit: Im Sommer, wenn's heiß ist.

Dauer & Strecke: 1,5 Std. für 3 km und 110 hm vom Wanderparkplatz aus inkl. Pause.

Ausrüstung: Geschlossene Schuhe, Ersatzklamotten für Kinder, kleine Plastikdosen.

Sogar das Wappen der einstigen Leonberger Grafen weht am Aussichtspunkt.

die im Jahr zuvor abgetragen worden war und selbst schon vor 1150 bestanden hatte. Dann, auf dem Rückweg, darf man endlich unten am Wasser die Füße in den kalten Bach halten und die müden Zehen strecken. Bis zum Parkplatz ist es nur noch ein Katzensprung.

FAZIT: SPANNENDE, KURZE WANDERUNG MIT GEMÜTLICHER AUSSICHTSPAUSE. AUF DEM RÜCKWEG MACHT DIE PLANSCHPAUSE IM BACH MÜDE FÜSSE MUNTER.

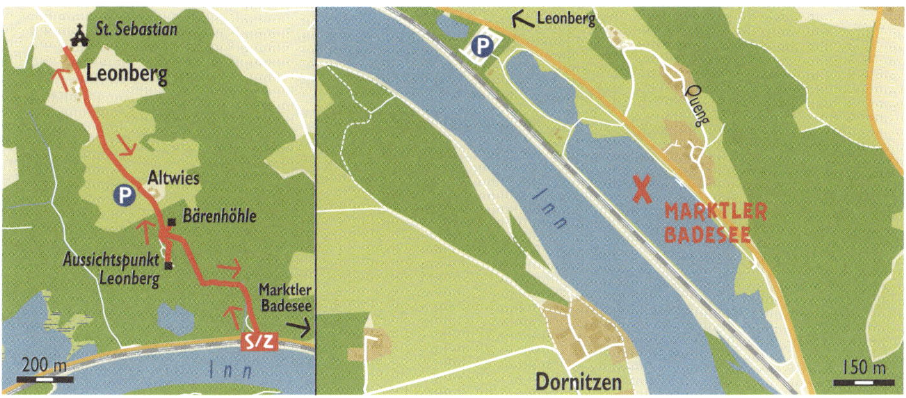

MIT ALLEN SINNEN

... durch den Kraftort Altötting

#9

Der Naturerlebnispfad im Gries ist nicht nur für Kinder ein interaktiver Erlebnisspielplatz entlang des Mörnbachs, der alle Sinne fordert. Auch für Große gibt es neben zahlreichen Aha-Momenten vor allem die »Innere Ruhe« zu entdecken.

#Balancefinden #Kraftorte #riesenSpinne #Hängemattenblick #Sinnsuche

Auf dem Naturlehrpfad atmet man so richtig durch, bevor es weiter ins Zentrum von Altötting geht.

Wer denkt, der interaktive Naturlehrpfad im Altöttinger Gries sei nur etwas für Kinder und Schulklassen, der sollte schleunigst seine bequemsten Schuhe schnüren und sich für eine Erkundungstour auf den Weg machen.

Gesagt, getan. Gleich bei Eintritt in das grüne Herz der Stadt entdeckt man zwei Übersichtstafeln. Wer seine Kleinen dabeihat, sollte keine der als Bücher gestalteten Holztafeln auslassen, da die Vorlesegeschichte vom Glühwürmchen Irmi bis zum Ende des 1,4 Kilometer langen Weges sonst unvollständig wäre. Von nun an heißt es Augen auf, denn überall im Gries sind Holztiere versteckt, die es zu entdecken gilt.

Die Basilika St. Anna bietet rund 8000 Menschen Platz.

Viel zu lernen gibt es auch für die Großen. Jede Spechtart hat ihr eigenes Klopfmuster. Spinnen können mit ihren Beinen nicht nur spüren, sondern auch hören und riechen. Mit jedem Schritt, der im Gries gesetzt wird, wird auf die Behausung von Milliarden von Lebewesen getreten. All das und viele weitere spannende Fakten erzählen die zwölf Mitmachstationen, die zwar teilweise ein wenig schwerer zu finden sind, aber einmal aufgespürt, definitiv alle Sinne aktivieren.

Wer einfach nur abschalten und die Seele baumeln lassen möchte, der sollte auf keinen Fall die Hängematten-Station verpassen. Hier lautet die Devise: Schuhe aus, Socken aus und eine Runde kneippen durch den Mörnbach, bevor man mit Blick auf das Laubdach der Bäume seine Gedanken schweifen lässt.

Hat man seine Batterien beim Meditieren wieder aufgeladen, ist man bestens für einen weiteren Kraftort gerüstet.

Der Mörnbach führt hinaus aus dem Wald, ein Stück den Jakobsweg entlang und direkt hinein in das Pilgerzentrum Bayerns. Vorbei an der päpstlichen Basilika St. Anna geht es den Kapuzinerberg unmerklich hinauf, bis der Kapellplatz ins Sichtfeld und der Weihrauchduft in die Nase gelangt. Im Herzen des Platzes befindet sich die mittelalterliche Pilgerstätte mit der Statue der prächtig gekleideten Schwarzen Madonna aus dem 14. Jahrhundert.

Ein wenig abseits gelegen, im Gebhard-Fugel-Weg, wartet vom gleichnamigen Künstler ein Gemälde ganz besonderer Art. Das unter UNESCO-Denkmalschutz stehende Werk »Jerusalem Panorama Kreuzigung Christi« ist das einzige im Original erhaltene Panoramabild religiöser Thematik in Europa.

Hin & weg: Parkplatz am Gries in der Wöhrstraße 10, Altötting. Alternativ fährt man mit dem Bus vom Bahnhof Altötting zum Startpunkt am Parkplatz bzw. bei der Bruckmayer Mühle in der Wöhrstraße 1.

Beste Zeit: Immer, wenn eine kurze Auszeit vom Trubel nötig ist.

Dauer & Strecke: Individuell, mindestens jedoch 2 Std. für 3 km.

Ausrüstung: Kleines Handtuch zum Abtrocknen der Füße.

Wenn man in den Marienbrunnen am Kapellplatz rücklings eine Münze wirft, soll man nach Altötting zurückkehren. Es ist jedenfalls immer ein Besuch für alle Sinne.

Was darf nun nach Vogelgezwitscher, nassen Füßen, Großraum-Gemälde und Weihrauchduft keinesfalls fehlen? Richtig, der fünfte Sinn sollte unbedingt noch bei der Confiserie Dengel auf die Schokoladenprobe gestellt werden (confiserie-dengel.de). Wer es ausgefallen mag: Besonders außergewöhnlich schmeckt die Weihrauch-Praline.

Wer seine Sinne noch weiter schärfen möchte, kann dies übrigens auch bei der geführten Tour »Stadtführung der Sinne«, die über die Bürger- und Touristinfo Altötting buchbar ist (www.altoetting.de).

FAZIT: DER GRIES IST DER PERFEKTE RUHEPOL ZUM QUIRLIGEN KAPELLPLATZ.

→ ABSTECHER ...

GLATZBERG MIT HAARIGEM STOPP

... in den Hügeln bei Heldenstein

#10

Spannende Aussichten gibt es im kleinen Örtchen Heldenstein und auf jeden Fall eine Belohnung am Ende. Denn die Wanderung mit Eselstopp endet am beschaulichen Badeweiher, wo man ganz entspannt den Tag ausklingen lassen kann.

#süßesteEselüberhaupt #reininsNass #Fernsichtgenießen

Unten am Badeweiher (www.inn-salzach.com/heldenstein-badeweiher) stehen zu bleiben ist schon eine ganz besondere Art von Folter, wenn man mit Kindern unterwegs ist. Für später ist es aber die einzig sinnvolle. Die kleine Wanderung auf den Glatzberg belohnt man so mit einem Happy End im Wasser.

Über eine wenig befahrene Nebenstraße geht es immer den Hügel hinauf bis zum ersten Stopp: In einem gepflegten Auslauf warten

---

Hin & weg: Bahnhof Ampfing, Bushaltestelle Heldenstein/Schule. Parkplätze am Fußballplatz.

Beste Zeit: Im Sommer, wenn's nicht zu heiß ist.

Dauer & Strecke: 1,5 Std. für 5 km und 110 hm.

Ausrüstung: Badesachen, Picknick.

Der kleine Badeweiher ist ein idealer Endpunkt der Glatzbergrunde.

einige kleinere und sehr süße Esel auf Besuch. Neugierig, wie sie sind, kommen sie gleich her, wenn man an den Zaun tritt, und man kann sie mit Gras füttern und ausgiebig streicheln. Gleich daneben ist ein Aussichtsbankerl mit Panoramatafel, damit man bei klarer Sicht in Richtung Süden weiß, welche Gipfel hier zu sehen sind. Eine angelegte Blühwiese zieht Bienen und andere Insekten an. Zauberhaft!

Weiter den Weg entlang hat man oben am Glatzberg eine Panorama-Aussicht in nördliche Richtung, über das Isental und ins Inn-Salzach-Hügelland. Sanft strecken sich die Felder und Wiesen über den Horizont, durchsetzt von Wäldern, Kirchtürmen und Weilern: Das Ursprüngliche der Region kommt hier wunderbar zur Geltung. Über den Hügel führt der Weg zurück nach Heldenstein, vorbei am Biohof Attenberg (www.inn-salzach.com/biohof-attenberg) und über den Hartinger Bach, der auch den kleinen malerischen Badeweiher speist – ein echter Geheimtipp. Dort angelangt, packt man am besten die mitgebrachte Brotzeit aus und bleibt bis zum Sonnenuntergang. Der Weiher ist zum Baden angelegt, es gibt Umkleiden, WC und eine Außendusche, aber sonst ist der Fleck einfach zum Planschen und Picknicken gedacht. Eine Stelle, von der man sicher reinspringen kann, freut vor allem die Kinder, außerdem gibt es einen Babybereich für die Kleinsten. So lässt sich der Tag ganz entspannt verbringen.

FAZIT: KLEINE FAMILIENWANDERUNG MIT ESELN UND ABSCHLUSS AM WEIHER. EINFACH ERHOLSAM.

IN DER SONNE BRATEN

… in der grünen Lagune Ampfing

#11

Ein Ausflug zur Grünen Lagune in Ampfing bietet nicht nur unendlichen Badespaß, sondern lässt sich mit leckerem Essen, dem Beobachten der Flugzeuge nebenan sowie mit Sport und Spiel füllen. Mit Kindern genau das Richtige!

Die Grüne Lagune ist ein riesiges Gelände, wo man leicht einen ganzen Tag versandeln kann.

In Schwindegg wartet in der Ortsmitte gleich mal das erste Highlight, wenn auch nur im Vorbeiradeln – denn sein Ziel sollte man nicht aus den Augen verlieren. Das Wasserschloss mit seinem eingewachsenen Park und den vier Türmen ist aber immer einen Blick wert! Die Sonne brennt ganz schön runter, aber die kurze Tour über Nebenstraßen, durch Wiesen und Felder bringt einen schnell dem Ziel entgegen. Durch kleine Orte wie Obertaufkirchen und Mimmelheim führt der Weg. Hinter der äußerlich unscheinbaren Dorfkirche St. Martin verbirgt sich ein reich verzierter Rokoko-Schatz aus dem Jahr 1777. An dieser Stelle muss aber schon im 8. Jahrhundert ein Holzbau gestanden haben, der als Taufkirche fungiert hat. Eine kurze Pause lohnt auch in Rattenkirchen – die Dorfwirtschaft, die von den Einheimischen selbst renoviert worden ist, heißt Mei Wirt, und gleich nebenan laden Spielplatz und Weiher zum Rasten ein (www.mei-wirt.de).

Das liebe Monster begrenzt den Kleinkinderbereich.

Über Weidenbach gelangt man auf eine kleine Anhöhe, wo unter alten Bäumen die Wallfahrtskirche Maria Schnee ruht. Sie wurde ab 1760 auf Geheiß von Probst Patritius Zwick von Au erreichtet. Der nahegelegenen Quelle werden heilende Kräfte zugeschrieben.

Von dort aus gelangt man wieder ans Ufer der Isen und ist schon beinahe da. Wenn man die ersten Sportflugzeuge oder Segelflieger aufsteigen sieht, stimmt die Richtung. Denn gleich neben dem Gelände der Lagune befindet sich ein Flugplatz. Das Wasser im See glitzert mit dem im Fluss um die Wette. Unter alten Bäumen im kühlen Schatten wird die Picknickdecke aufgeschlagen. Ein großes Piratenschiff fängt die Kinder ein, aber jetzt erst mal ab ins kühle Nass. Der große, saubere Schwimmteich lockt mit Sprung- und Spieleinrichtungen, für die Kleinen gibt es einen extra Babybereich mit liebem Monster. Dahinter beginnt die Reinigungszone, weil das Wasser nur natürlich geklärt wird. Die Grüne Lagune verdient sich ihren Namen (www.innsalzach.com/gruene-lagune-ampfing). Gegen Mittag, wenn die Sonne einem so richtig den Kopf vernebelt, zieht man sich an die Strand-

Der Hindernisparcours ist sportlich ganz schön herausfordernd.

bar zurück und genießt die leichte Küche im Restaurant, dessen Garten direkt in die Liegewiese mündet (www.salut-ampfing.de).

Eine Runde an der malerischen Isen entlang führt auch am gegenüberliegenden Flugplatz vorbei. Dort starten und landen immer mal wieder Kleinflugzeuge. Wer will, kann sogar einen Rundflug oder eine Schnupperflugstunde buchen (www.flugplatz-ampfing.eu).

Wenn man sich genug eingeweicht hat und die Mittagshitze vorbei ist, erkundet man den hinteren Teil des Geländes. Dort gibt's Tischtennisplatten, Beachvolleyball, eine Slackline und einen Hindernisparcours, der gar nicht so ohne ist. Schließlich treibt das Kneippbecken die Hitze aus den Beinen, und der Sonnenuntergang über der Lagune beschließt einen perfekten Sommertag.

FAZIT: EIN FAMILIENTAUGLICHER RADLAUSFLUG, BELIEBIG AUSDEHNBAR, DENN MAN KANN ZURÜCKRADELN ODER DEN ZUG NEHMEN UND SO LANGE BADEPAUSE MACHEN, WIE MAN WILL.

Hin & weg: Die Tour startet am Bahnhof Schwindegg und endet am Bahnhof Ampfing.

Beste Zeit: Sommer.

Dauer & Strecke: 1 Std. für die 15 km lange einfache Strecke. Mit Baden ein Tagesausflug.

Ausrüstung: Badesachen, Picknickdecke, Fahrräder, Kopfbedeckung.

DER RUHE LAUSCHEN

... auf alten Pilgerrouten rund um Tüßling

#12

An gleich vier Kirchen kommt man auf dieser stillen Runde vorbei und an einem Bruckerl, das ein ganz besonderes Wegkreuz bildet: Vier alte Pilgerwege treffen sich hier, der Jakobsweg, der Wallfahrtsweg nach Heiligenstatt, der nach Altötting und der Benediktweg. Ein magischer Ort.

#Kirchenwanderung #kleineWallfahrtsrunde #stilleOrte

Die Symbole der vier Pilgerwege wurden am Wegkreuz in einen alten Baum geschnitzt.

In Tüßling kommt man zwar an, aber die schönsten Ecken des kleinen Ortes warten erst am Ende der Tour. Erst einmal geht es über Felder und Wiesen in Richtung Teising. Der Ort ist einer der ältesten in der Region und wurde schon im Jahr 710 urkundlich erwähnt. Die Kirche St. Johann Baptista wurde im 15. Jahrhundert erbaut. Früher diente sie einmal als Taufkirche für die ganze Gegend. Einzelne Steine zeigen noch originale Freskenmalereien, die das Taufmotiv aufgreifen. Wer nach Erntedank kommt, kann über den reichen Schmuck und die Dankgaben staunen.

Weiter geht es aus dem Ort hinaus und zur nächsten Station der kleinen Pilgerrunde – dem Wegkreuz der vier Pilgerwege. Der Ort liegt versteckt an einer kleinen Brücke über den Mörnbach. Ein Schutzhäuschen für Pilger, ein alter Baum, in den die Pilgersymbole der vier Wege geschnitzt wurden, und eine Bank markieren ihn. Bereits seit dem 12. Jahrhundert besteht der Jakobsweg nach Santiago de Compostela, der hier vorbeiführt. Der Wallfahrtsweg nach Heiligenstatt wurde 1373 eingerichtet, der Wallfahrtsweg nach Altötting 1439. Der jüngste der vier ist der

Benediktweg, der zu Ehren von Papst Benedikt XVI. 2005 ins Leben gerufen wurde. Das Plätschern des Wassers lädt zu einer stillen Pause ein, die Hälfte ist geschafft.

Nächster Stopp ist die Heiligenstätter Wallfahrtskirche am Rand von Tüßling (www.wallfahrt-heiligenstatt.de). Die Legende besagt, dass eine Frau aus Teising in der Pfarrkirche St. Rupert am Wald eine Hostie gestohlen hat, die ihr auf der Wiese zu Boden fiel. Ein Engel erschien, und man versuchte, die Hostie dreimal zur Kirche zurückzutragen, doch sie kehrte immer wieder dahin zurück, wo sie heruntergefallen war. An dieser Stelle errichtete man zunächst eine Kapelle, die wegen des Pilgerandrangs schnell vergrößert werden musste. Zu der erwähnten Kirche St. Rupert wandert man weiter. Errichtet wurde diese bereits vor 1450. Sie hat einen markanten Turm mit Spitzdach und vier Ecktürmchen, der weithin sichtbar ist.

Letzte Station der Wanderung ist der schmucke Ort Tüßling selbst, 711 erstmals erwähnt. Auch wenn viele Gebäude hier nicht mehr original erhalten sind, spannend ist die Geschichte der Bauwerke allemal. Das pittoreske Rathaus war einmal das Hofmarksrichterhaus, stammt teilweise aus dem 16. Jahrhundert und ist mit seinem markanten Zwiebelturm allein einen Besuch wert. Dahinter öffnet sich der Blick zum perfekt instand gehaltenen Schloss Tüßling, ein ehemaliges Wasserschloss, das heute nicht nur bewohnt wird, sondern ein beliebter Veranstaltungsort ist. Der barocke Festsaal stammt aus dem Jahr 1583. Weil das Schloss normalerweise nur von außen zu sehen ist, führt der Weg an seinen Mauern entlang zurück zum Ausgangspunkt.

Kirchen sind in Bayern noch im kleinsten Dorf reich ausgestattet.

Hin & weg: Bahnhof Tüßling.

Beste Zeit: Herbst, kurz nach Erntedank.

Dauer & Strecke: 2,5 Std. für 9,1 km.

Ausrüstung: Wanderschuhe, Fernglas, Rucksack.

FAZIT: LÄNGERE WANDERUNG AUF ALTEN PILGERWEGEN DURCHS LAND, DIE IMMER WIEDER GELEGENHEIT ZUR RAST BIETET. FÜR KIRCHENINTERESSIERTE SEHR LOHNEND.

DON'T GET LOST

… auf Schwammerlsuche in Maitenbeth

#13

Langsam herbstelt es in der Inn-Salzach-Region. Die Uhren scheinen gemächlicher zu ticken, und der Duft in der frischer werdenden Luft verrät die Ankunft der ersten Sprösslinge des moosigen Waldbodens: Die Schwammerlsaison hat begonnen.

#Schwammerlsuche #Steinpilzvoraus #aufdenSpurenderEiszeit

Der Ebersberger Forst gehört zu einem der größten Waldgebiete Deutschlands.

Am östlichsten Punkt der Inn-Salzach-Region und vor den Toren der Landeshauptstadt München schmiegt sich das friedliche Örtchen Maitenbeth in den Schatten eines der größten Waldgebiete Deutschlands. Gemeinsam mit dem Ebersberger Forst umfasst der Großhaager Forst etwa 90 Quadratkilometer Waldfläche. Na, wenn das nicht ausreichend Platz für eine herbstliche Pilzsuche ist! Also los, auf in die Schwammerl!

Mit nostalgischen Gefühlen wird der Schwammerlkorb aus dem Dachboden gekramt, das Pilzmesser auf ausreichend Schnittschärfe überprüft – und natürlich darf auch das Pilzbuch aus Omas Bücherregal nicht fehlen. Wer weiß, ob man in so einem dichten Wald überhaupt Handyempfang und eine verlässliche Pilzerkennungs-App in der Hosentasche hat? Zielsicher geht es vom Waldfriedhof in Maitenbeth den Trampelpfad entlang zur Wegkreuzung Christopher Straße und Hohnerweg. Dem Zweiteren wird immer tiefer hinein in den Wald gefolgt, bis die zuletzt passierten Häuser nicht mehr sichtbar sind.

Bekanntlich findet die Pilzjagd nicht direkt am Forstweg statt. Die guten Schwammerl wachsen abseits der Pfade. Aber Vorsicht beim Verlassen der Wege. Ein gewisser Orientierungssinn und der achtsame Umgang mit Tier und Natur sind Grundvoraussetzung für jeden Waldbesuch. Durch das Vorkommen naturnaher Buchen- und Feuchtwälder sowie seltener Tierarten steht ein Teil der Waldfläche unter Schutz als Fauna-Flora-Habitat-Gebiet, und die Schwammerlernte ist verboten.

Ein Korb ist das beste Gefäß zum Pilztransport, denn die Pilze sollen locker und luftig darin liegen, damit sie nicht matschen. Bestimmungsbuch oder App sind für unerfahrene Pilzsammler unbedingt zu empfehlen.

Achtet man auf seine Umgebung, wird einem auffallen, dass es im Wald ungewöhnlich hügelig ist. Das liegt an den Zeitzeugen der letzten Eiszeit. Der einstige Inn-Gletscher lagerte hier unfassbare Mengen an Geröll und Schutt ab, wodurch sich sogenannte Moränenhügel, Kalkflachmoore und Toteiskessel bildeten. Deshalb Augen auf und auf jeden Schritt und Tritt achten. Nicht, dass ein unfreiwilliger Abgang in einen der Quellbäche die Schwammerlsuche frühzeitig beendet.

Am Wegmarterl Hirschweg und Hohnerweg führt Erstgenannter als Rundweg wieder zurück zum Ausgangspunkt. Wer dem Waldvergnügen noch weiter frönen möchte, kann das gern noch einige weitere Stunden, Tage, Wochen und wahrscheinlich sogar Monate lang tun.

FAZIT: WAS GIBT ES BESSERES FÜR DIE SEELE, ALS EINEN SPAZIERGANG IM BUNT GEFÄRBTEN BLÄTTERWALD UND EINEN KORB VOLL FRISCH GESAMMELTER PILZE?

Hin & weg: Parkplatz am Waldfriedhof Maitenbeth, Pfarrer-Axenböck-Straße 2, Maitenbeth.

Beste Zeit: Zu Beginn der Pilzsaison ab September.

Dauer & Strecke: 3 Std. für 3,5 km.

Ausrüstung: Schwammerlkorb, scharfes Messer, Pilzbuch.

DAS URSPRÜNG-LICHE SCHMECKEN

… im Umweltgarten Klugham

#14

Auf der Streuobstwiese einen Apfel sammeln, noch ganz warm von der Sonne. Reinbeißen. Den süßen Saft über die Finger laufen lassen. Ein Besuch für alle Sinne: hören, schmecken, riechen, spüren und den Tag entspannt verrinnen lassen.

#Baumschmusen #LernwerkstattNatur #Vogelstimmenhören #einfachRuhe

Der Naturlehrpfad ist super in Schuss und einzelne Stationen zeigen auch mal ganz neue Aspekte, die man so noch nicht gesehen hat. In Verbindung mit dem Wald- und Imkerlehrpfad kann man hier viel Zeit zubringen.

So eine Ruhe erlebt man heutzutage selten: Die Bienen summen, der sanfte Wind fährt in die raschelnden Blätter der Obstbäume,

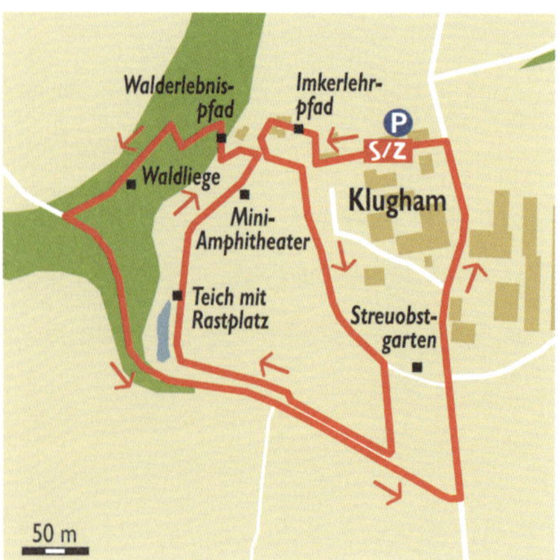

der Zulauf am Teich plätschert leise. Sonst: Nichts! Ein paradiesisches Fleckchen Erde, der Umweltgarten in Klugham mit seiner Lernwerkstatt, die zu Schulzeiten gern auch von Klassengruppen genutzt wird (blumen-sterflinger.jimdofree.com).

Los geht's am Imkerlehrpfad, wo man gleich ganz viel über Bienen und ihre Aufgaben im Gefüge der Natur erfährt. Ein Stück weiter,

---

Hin & weg: Parkplatz beim Seminarhaus der Lernwerkstatt Natur (hinter Blumen Sterflinger).

Beste Zeit: August/September.

Dauer & Strecke: 1 Std. für 1,7 km (mit Pausen 2 Std.).

Ausrüstung: Brotzeit, Getränke und Becherlupe.

Einen Apfel direkt vom Baum, das ist für Stadtkinder ein echtes Aha-Erlebnis.

am Streuobstgarten und weil Erntezeit ist, lernen die Kinder, wie viele verschiedene Apfelsorten es gibt und welchen Tieren die runtergefallenen Früchte helfen. Zwei, drei Früchte werden gleich interessiert auseinandergenommen und untersucht.

Weiter geht's den Weg entlang – da, eine Station, wo man die gängigen Vogelstimmen hören kann, ist der Hit. Die Kinder lauschen, den Kuckuck haben sie schon gehört, aber so klingt ein Turmfalke? In den Hecken sind alle Wildsträucher versammelt, die für die heimische Tierwelt wichtig und nützlich sind, also Schlehen, Weißdorn, Vogelbeeren und Wildrosen. Zu dieser Jahreszeit leuchten die Beeren und Hagebutten rot und blau und schwarz aus dem satten Laub heraus.

Bevor der Weg in den Wald eintaucht, lädt ein schattiges Plätzchen zum Rasten ein. Wie ein Mini-Amphitheater türmen sich die Steine unter den Bäumen. Wenn man picknicken möchte, dann genau dort. Mit einer frischen Bäckertüte und den gerade gesammelten Äpfeln als Dessert lässt sich die Ruhe besonders angenehm genießen. Gleich nebenan ist ein Teich, in dem es wurlt und lebt, und was ist das da unter dem großen Pilz, für welchen Vogel sind die kleinen kugeligen Nistkästen? Frisch gestärkt geht es jetzt den Waldweg hinab zu Familie Eichhorn. Wer leise ist und Geduld mitbringt, der sieht die putzigen Tierchen vielleicht wirklich von Baum zu Baum hüpfen. Oder man entdeckt an den Stationen, was hier alles unterwegs ist, wenn keine Menschen stören. Noch ein toller Rastplatz zum Entspannen ist die Waldliege. Einfach Augen zu und lauschen – das könnte der Mäusebussard sein, dessen Stimme man oben gerade kennengelernt hat. Man legt die Hand an einen Baum und spürt die Rauheit der Rinde.

Über ein kurzes Stück Nebenstraße schlägt man den Bogen zurück zum Streuobstgarten. Einen Apfel kann man sich für den Heimweg noch stibitzen – es soll genug für die nächsten neugierigen Besucher übrig bleiben.

FAZIT: EIN SCHÖNES FLECKCHEN ERDE FÜR ENTDECKUNGSLUSTIGE UND NATURINTERESSIERTE. MIT PICKNICK UND LUPE EIN SPANNENDER AUSFLUG AUFS LAND.

GENUSS-RADELN MIT ALPENBLICK

... im Haager Land

#15

Von allen Thementouren durch die Inn-Salzach-Region ist die Panoramatour mit 28 Kilometern die kürzeste. Ideal also, um den Feierabend gemütlich ausklingen zu lassen, den Sonntagmorgen sportlich zu starten oder um einfach nur die Panoramawelt zu genießen.

#Marmeladenglasmomente #Entschleunigung #HaagerLand

→ ABSTECHER …

Die Alpenkette ist im Haager Land bei Föhn, dem warmen Fallwind von den Bergen, besonders gut zu sehen.

Imposant thronen die Schlosstürme über der Marktgemeinde Haag in Oberbayern. Dank der erhöhten Lage im Alpenvorland genießt man in dieser Gegend einen sagenhaften Ausblick auf die Bayerische Alpenkette. Besonders einmalig ist dieser vom Schlossturm aus, in dem regelmäßig Führungen stattfinden. Grandios ist auch die Aussicht in die Berge mit der Burg Haag im Vordergrund. Um sie zu erleben, unternimmt man am besten die kurze Radtour durch die ehemalige Grafschaft Haag.

Los geht es Richtung Osten. Achtung, nicht gleich zu Beginn vom Unertl Bräustüberl locken lassen (www.unertl-braeustueberl.de).

Das Feierabendbier gibt es am Ende der Tour und zwar aus der Traditionsbrauerei selbst, die ihren Firmensitz direkt nebenan hat und bereits seit 1948 »dahoam autark« braut.

Weitblick und Naturidylle, verschlafene Höfe und goldgelbe Maisfelder führen bis in das charmante Reichertsheim. Von hier aus geht es weiter nach Westen. Unterwegs kann den niedlichen Alpakas Hallo gesagt werden. Schon gewusst, dass Alpakas eine aus den südamerikanischen Anden stammende Kamelart ist? Fotostopp-Garantie gibt es gleich mehrfach auf dem Routenabschnitt. Beliebtes Motiv ist die barocke Pfarrkirche St. Mariä Himmelfahrt von Kirchdorf im Vordergrund, die Haager Schlosstürme dazwischen und das Zuckerl, die Alpen, im Hintergrund. Traumhaft! Neben der Marienkirche findet man ein weiteres Haus mit Charme und Geschichte in Kirchdorf. Das stattliche Gasthaus Grainer ist seit dem 16. Jahrhundert in Familienbesitz und verspricht Genuss vom Feinsten. Mit vielen Preisen ausgezeichnet, kann man sich hier, in Christians Restaurant, ordentlich verwöhnen lassen (www.christians-restaurant.de). Dafür lohnt sich eine weitere Anreise allemal.

Jetzt geht es erst mal steil bergab, wieder bergauf und laaaang bergab bis an die Pforten

---

Hin & weg: Parken kann man am Bräuhausplatz in Haag in Oberbayern.

Beste Zeit: An einem föhnigen Herbsttag.

Dauer & Strecke: Ab 2 Std. für 28 km und 311 hm.

Ausrüstung: Kamera für Marmeladenglasmomente.

Haag, Reichertsheim und Kirchdorf (von rechts nach links) sind typisch bayerische Orte mit langer Geschichte.

der Haager Burg. Genussmenschen sind im Bräustüberl herzlich willkommen und Familienausflugsgäste können sich im Naturfreibad Haag weiter austoben (www.markt-haag.de/leben-wohnen/freizeit/freibad).

FAZIT: WER DEN ALPENBLICK MAG, WIRD DIESE TOUR LIEBEN. UNBEDINGT BEI FÖHNWETTER RADELN!

MIT DEM ALPENWIND FLIEGEN

… auf dem Rainbichl

#16

Der Herbst hält viele schöne Momente bereit und umsäumt von Herbstfarben werden sie umso schöner. Auf dem Rainbichl bei Tyrlaching hat man einen wunderbaren Ausblick auf die Alpenkette, und meist weht ein guter Wind. Perfekt fürs Drachensteigenlassen.

Tyrlaching ist eine kleine Gemeinde am südlichen Rand der Region Inn-Salzach. Von dort aus hat man eine klare Aussicht auf die Alpenkette - vor allem, wenn der Föhn bläst. Das ist ein warmer, trockener Fallwind vom Gebirge herunter, der dafür sorgt, dass man meint, die Berge stünden gerade vor den eigenen Füßen.

Vom Dorfplatz aus ist der Weg leicht zu finden, hinter einem Bauernhof geht es immer den Hügel bergan, bis oben eine mächtige Linde in den Blick gerät. Die ist ein Naturdenkmal und lädt mit ihrer Bank zum Rasten und Genießen ein. Der Rainbichl ist mit 544 m der höchste Punkt im Landkreis. Hier hat man einen großartigen Blick auf die Berge des Salzkammerguts und der Chiemgauer Alpen bis hinüber zum Wendelstein. Natürlich kann man auch einfach sitzen bleiben und bei einer kleinen Pause das Alpenpanorama bewundern. Aber da es auf dem Rainbichl einen guten Wind gibt, ist er im Herbst geradezu prädestiniert zum Drachensteigenlassen. Nur von der Denkmal-Linde sollte man etwas Abstand halten, sonst muss man den Drachen irgendwann wieder aus den Zweigen pflücken.

Hin & weg: Bahnhof Kirchweidach, Bushaltestelle Tyrlaching. Wer mit dem Auto anreist, parkt gegenüber vom Wirt z'Dirling (www.wirt-zdirling.de).

Beste Zeit: Im Herbst bei Wind und Föhn.

Dauer & Strecke: 0,5 Std. für 1,8 km plus Zeit zum Drachensteigenlassen und Sammeln von Herbstmaterialien.

Ausrüstung: Drachen, winddichte Klamotten, Handschuhe, Säckchen zum Sammeln der Bastelmaterialien.

Einen der schönsten Aussichtspunkte der Region findet man in der kleinen Gemeinde Tyrlaching.

Die umliegenden Wiesen verbreiten im Herbst keine traurige Stoppelfeldstimmung, sondern begeistern stattdessen mit ihrer farbenfrohen Blumenpracht. Am Waldrand wächst das Pfaffenhütchen, und unter den bunt werdenden Kronen sprießen Pilze aus dem Moos. So kann man, wenn das Spiel mit dem Drachen allmählich ausgereizt ist, auf dem Rückweg gut ein paar herbstliche Bastelmaterialien sammeln und darüber hinaus abseits viele interessante Entdeckungen machen.

FAZIT: KURZER FAMILIENAUSFLUG ZU EINEM DER SCHÖNSTEN AUSSICHTSPUNKTE IN DER REGION. LEICHT UND INTERESSANT, AUCH FÜR KLEINERE KINDER GUT MACHBAR.

DIE SKYLINES FUNKELN SEHEN

... auf dem Eschlberg

#17

Nur von ein paar einsamen Bauernhöfen bevölkert, kann man auf dem Eschlberg nicht nur in Ruhe seine Joggingrunden drehen. Man hat auch den schönsten Blick auf die Skylines der beiden großen regionalen Werke. Wenn es dunkel ist, funkeln sie besonders schön.

#glitzerndeSilhouetten #Nachtwanderung #nurkeineAngst

Mit der Taschenlampe durch den Wald, das kann schon mal gruselig werden.

Der kleine Hügel, den die Altöttinger optimistisch Eschlberg nennen, ist so etwas wie das Naherholungsgebiet der Einheimischen. Feierabendrunden mit Radl oder Joggingschuhen können hier auf Forstwegen durch Feld, Wald und Wiesen gedreht werden. Erst wenn die Sonne untergegangen ist, wird es ruhig auf dem Berg. Nur ein paar einzelne Hofstellen durchziehen die Landschaft, ein paar Pferde wiehern, die Rehe strecken die Köpfe aus dem Wald.

Die Runde beginnt eine Weile nach Sonnenuntergang an der Kirche von Mehring, wo die Straße nur kurze Zeit später vom Wald verschluckt wird. Ein Bankerl steht dort einsam am Waldrand. Wenn man sich dort niederlässt, erlebt man die schönste Stille. Die Sonne geht in der anderen Richtung hinter dem Hügel unter, das Land taucht langsam ein in die Dunkelheit, die Kirche ragt vor einem empor und das OMV-Werk beginnt am Horizont zu leuchten.

Das hat seine ganz eigene Schönheit. Die Chemieindustrie hat die wirtschaftliche Entwicklung in der Region erst möglich gemacht (www.chemdelta-bavaria.de). Sie ist Arbeitgeber und Identitätsstifter, aber sie war nicht immer nur gut für das Land. Die Skylines

funkeln im Dunkeln, aber in manchen Nächten ist Milchsuppe am Himmel, nur die hellsten Sterne leuchten hindurch.

Weiter geht's durch den dichten Wald auf dem Eschlberg, auf kleinen Sträßchen und guten Forstwegen. Der Wald steht so dicht, dass jedes Geräusch einen umblicken und die Taschenlampe dorthin richten lässt. Keine Sorge, hier gibt es Rehe und Eulen, aber nichts Gefährliches. Es ist spannend, sich

---

Hin & weg: Parkplatz an der Kirche St. Martin in Mehring, Rufbus-Verbindung ab Burghausen Bahnhof bis Mehring Schule (30 Min. vor Abfahrt unter Tel. 08677/988686 anmelden).

Beste Zeit: Im Herbst oder Winter, wenn die Nächte klar sind.

Dauer & Strecke: 2 Std. für 6,9 km und 110 hm.

Ausrüstung: Taschenlampe, GPS-Gerät/Navi/Handy, warme Kleidung.

Das Werk Gendorf ist dem Eschlberg viel näher als das OMV Werk und wird zum glitzernden Gemälde in der Nacht. Bäuerliches Land und moderne Industrie prägen die Region an vielen Stellen.

im Dunkeln seinen Weg zu suchen und zum Glück gibt es GPS-Geräte, die einem genau sagen, wo man abbiegen muss.

Durch Felder und Waldstücke geht's jetzt ein paar Kilometer weiter, bis sich der Wald einer kleinen Straße öffnet. Jetzt ist man auf der höchsten Ebene angekommen. Lichter links und rechts des Wegs zeigen an, wo die einsamen Höfe stehen, die es hier oben gibt.

An der größten Wegkreuzung auf dem Eschlberg steht eine kleine Kapelle genau in der Mitte zwischen den Straßen. Dort kann man zwar kurz rasten, aber die zweite wunderbare Aussicht dieser Runde wartet nur ein paar Hundert Meter weiter. Die Stelle ist ganz leicht zu finden – man folgt dem Weg weiter und plötzlich, wenn man einen der Höfe neben der Straße hinter sich gelassen hat, öffnet sich der Blick ins Tal in die andere Richtung und das Werk Gendorf taucht auf. Dieses Stück Weg ist ein beliebter Treffpunkt für Paare, denn die Aussicht ist wirklich schön. Auch hier findet sich wieder eine kleine Kapelle mit einer Bank, auf der man sich nun ausruhen kann. Das Werk Gendorf funkelt ganz nah vor einem dunkelblauen Himmel, denn es liegt in Richtung des Sonnenuntergangs. Einfach wunderbar.

FAZIT: TOLLE, RUHIGE RUNDE FÜR EINE KLEINE NACHTWANDERUNG MIT SPEKTAKULÄREN AUSSICHTEN. GEHT AUCH MIT DEM RAD.

MAGISCHE WALD-WEIHNACHT ERLEBEN

… beim Winterzauber in Halsbach

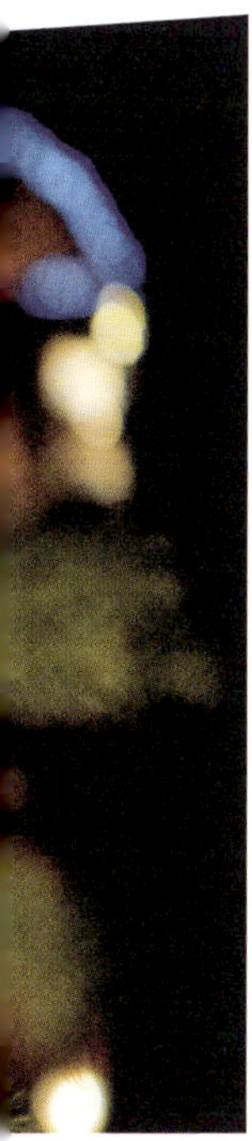

#18

Weite, Wälder, Weihnachtshochburg. In einer der kleinsten der Altöttinger Gemeinden entsteht jedes Jahr aufs Neue ein adventliches Dorf mitten im Wald. Ein Kleinod wie aus einem Wintermärchen.

#WinterWonderLand #Glühweinduft #Waldwichtel

Die Waldweihnacht auf der Waldbühne in Halsbach lockt mit Glühweinduft und Bratwurstgeruch Besucher aus aller Ferne.

Neben einem sagenhaften Alpenblick hat das kleine verschlafene Halsbach vor allem Weite, Wiesen und Wälder zu bieten. Wo sich Fuchs und Hase gute Nacht sagen, erwacht die Waldweihnacht jedes Jahr aufs Neue aus ihrem Dornröschenschlaf (www.waldweihnacht-halsbach.de). Für die Adventszeit verwandelt sich die Waldbühne in ein Meer aus zauberhaften Holzhütten, flackernden Feuerschalen, leckerem Glühweinduft und einem kunterbunten Kulturprogramm.

Wenn Frau Holle noch dazuhilft, kann man wirklich von einem Weihnachtswunder sprechen. Denn so ein märchenhafter Aufenthalt in Halsbach hat noch jedem ein Lächeln ins Gesicht gezaubert.

Wenn die Sonne strahlt und der Schnee glitzert, lohnt es sich auf jeden Fall, noch bei Tageslicht nach Halsbach anzureisen und einen ausgiebigen Spaziergang durch die Winterlandschaft zu unternehmen. Bereits an den Parkplätzen begrüßen einen schon die Hirsche im Freigehege, die aufmerksam die Ohren spitzen und in die Ferne lauschen.

Wer genau hinsieht, entdeckt an dem ein oder anderen Gebäude noch Überbleibsel aus der bäuerlichen Baukultur des 19. Jahrhunderts. Sogenannte Bundwerkstadl sind typisch für die Inn-Salzach-Region und zeigen Balken, die teilweise in Gitterform oder schräg über Kreuz Front- oder Giebelseiten bäuerlicher Wirtschaftsgebäude zieren.

Wenn die Sonne dann langsam untergeht und die Landschaft im Dämmerlicht verschwindet, wird es aber allerhöchste Zeit für einen ausgiebigen Besuch des Walddorfes. Etliche

---

Hin & weg: Parkplatz bei der Waldbühne Halsbach, Spielhof 58, Halsbach oder über über zahlreiche Zubringerbusse, z. B. von Burgkirchen an der Alz oder von Kirchweidach.

Beste Zeit: In der Adventszeit.

Dauer & Strecke: Mindestens 2 Std. für 1,3 km, je nach Kältezustand der Füße + Zeit fürs Walddorf.

Ausrüstung: Winterstiefel, dicke Handschuhe und viel Platz für Christmas-Shopping-Souvenirs.

Mit einem ausgiebigen Schneespaziergang beginnt der winterliche Zauber. Die Hirsche im Gehege schauen von ihren Futtertrögen interessiert zu.

verzweigte, von Kerzenlichtern erhellte Wege führen über Trampelpfade vorbei an den entzückenden Ausstellungsständen. Aber nicht erschrecken. Überall verstecken sich kleine Waldwichtel und treiben Schabernack.

Natürlich hat man für den Streifzug durch die Waldweihnacht auch an Orte zum Aufwärmen und Verweilen gedacht. Bei der Einkehr in die große Teehütte darf man sich zum Warmwerden dann auch mal eine schöne Tasse Glühwein gönnen. Oder soll's vielleicht doch ein Jagatee werden? Oder beides?

FAZIT: WER WEIHNACHTEN MAG, WIRD DIE WALDWEIHNACHT LIEBEN!

NICHTS FÜR WARM-DUSCHER

… beim Winterbaden im Wöhrsee

#19

Wenn Burghausen vom Schneemantel bedeckt ist, kitzelt die Natur um die weltlängste Burg wieder ein besonders einzigartiges Erscheinungsbild hervor. Ganz besonders kitzeln auch die Nerven, wenn die Winterbadestelle am Wöhrsee zum Eisschwimmen einlädt.

#IceIceBaby #Eisbergvoraus #Wasserratten #Frostbeulen

Winterbaden wird immer beliebter, aber gerade Neulinge sollten nie alleine schwimmen gehen. Man muss die Reaktionen des eigenen Körpers auf das eisige Wasser erst kennenlernen.

Erst den Kreislauf in Schwung bringen, dann die Hüllen fallen lassen. Also nichts wie los!

Schnell noch den Rucksack mit den Badesachen aufgeschnallt und schon führen die ersten Meter des Spaziergangs den Eggenberg hinauf zum mächtigen Pulverturm mit seinem unförmig wirkenden Bollwerk. Das windschiefe Dach des mittelalterlichen Gebäudes ist übrigens nicht dem Zahn der Zeit geschuldet, sondern der unterschiedlichen Mauerstärke des Wehrturms. Der Durchmesser des Bauwerks beträgt sagenhafte 18 Meter. Bis zu fünf Meter dick sind seine Mauern auf der burgabgewandten Seite, doch nur einen Meter auf der burgzugewandten Seite.

Zwischen dem Geschützturm und der KZ-Gedenkstätte kann man bereits einen ersten Blick nach unten auf die Winterbadestelle erhaschen. Wenn der See ganz zugefroren ist, stiehlt er den Kaltblütern durchaus mal die Show und wird zur Freiluftbühne für Schlittschuhfahrten und zum Eisstockschießen.

Oberhalb des Wöhrsees geleitet der Wanderweg mutige Eisschwimmfans mit zügigen Schritten weiter. Stets im Blick: die einge-

---

Hin & weg: Bahnhof Burghausen, Bushaltestelle Finanzamt. Parkplatz Am Pulverturm 1, Burghausen.

Beste Zeit: Ab Mitte Oktober bis Ende März. 1 Std. vor dem Wintersonnengang losspazieren.

Dauer & Strecke: 2,5 km Spazierweg, mit Eisbaden ca. 1,5 Std.

Ausrüstung: Badesachen, warmer Tee und eine dicke Mütze.

Wechselkabinen und eine Infrarotkabine stehen den Waghalsigen kostenlos zur Verfügung.

zuckerte Burganlage und ein schneeverhangener Himmel. In etwa auf Höhe des Vorsees führt der Weg wieder hinunter, nun direkt am Ufer entlang. Einst sorgten Gletscherwasser dafür, dass die Salzach ihren Flusslauf neu wählte und den heutigen Burgberg schürfte. Aus Verteidigungszwecken staute man den unscheinbar wirkenden St.-Johannser-Mühlbach in der ehemaligen Talmulde der Salzach auf, sodass ein stehendes Gewässer entstand, der heutige Wöhrsee. Am Ende des Pfades geht es durch ein unscheinbares Tor linker Hand durch die ehemalige Wehrmauer. Jetzt gibt es kein Zurück mehr. Umkleidekabinen stehen kostenlos zur Verfügung, genauso wie eine öffentliche Wärmekabine zum Warmzittern nach dem Kälteschock. Man glaubt es kaum, aber das traditionsreiche Winterschwimmen sorgt dafür, dass man selten alleine seine Bahnen ziehen muss.

Brrr ... nun schnell wieder raus aus der Kälte und hinein in die Infrarotkammer. Sobald man die Hände und Füße wieder spürt, sorgt der Rückweg bis zum Parkplatz für die restliche Durchblutung. Wer seine Zehen und Finger nicht verloren hat, darf schon mal mächtig stolz auf sich sein. Winterbaden, das traut sich nicht jeder.

FAZIT: ADRENALINKICK VOM FEINSTEN, ABER ACHTUNG! NUR FÜR HARTGESOTTENE WASSERRATTEN GEEIGNET!

DAS EIS KNACKEN HÖREN

… auf dem Marktler Badesee

#20

Eislaufen auf einem See, wann gibt es das denn noch! Zwischen Inn und Salzach liegen so viele kleine und größere Seen, nach Dauerfrost ist das überhaupt kein Problem. Auf dem Marktler Badesee macht es besonders viel Spaß, denn Geländer erleichtern den Einstieg, und die Randbereiche sind so flach, da findet jeder a Platzerl.

#nurkeineAngst #bisschenrutschighier #Schlittschuheraus #Seemalanders

Im Sommer ist der Martkler Badesee ein toller Badetipp – mitten in der Natur mit allen Annehmlichkeiten und gut zu erreichen. Im Winter ist er bis auf ein paar Menschen, die hier spazieren gehen, meist eher ausgestorben. Anders sieht es aus, wenn zwei Wochen Dauerfrost die Eisschicht auf genügend Zentimeter hat anwachsen lassen. Ob man sich drauftraut, muss jede und jeder selbst entscheiden, denn freigegeben wird der See nicht. Niemand bescheinigt dem Eis, dass es jetzt trägt oder eben noch nicht. Aber da finden sich schon ein paar Mutige, die erst das Eis am Rand testen und dann immer weiter hinausfahren, bis sie schließlich unter dem höchsten Punkt der Brücke mitten auf dem See durchsausen. Schließlich gibt es kein Halten mehr: Schlittschuhe an und rauf aufs Eis!

Die Geräuschkulisse ist gewöhnungsbedürftig. Es knackt manchmal laut und in der Winterstille echot das Geräusch über den See. Sogar die Bewegung im Eis kann man spüren, wenn einer der weißen Risse ein bisschen weißer wird. Wem das nicht geheuer ist, der bleibt am Rand. Die Randbereiche sind ohnehin so flach, dass man jedes Blatt erkennen kann, und der Nichtschwimmerbereich ist mit einem Geländer eingefasst, das oben so weit herausragt,

---

Hin & weg: Bahnhof Marktl. Von dort 30 Gehminuten zum See. Parkplatz direkt am Badesee Marktl (www.inn-salzach.com/badesee-marktl).

Beste Zeit: Winter, nach mindestens 14 Tagen Dauerfrost.

Dauer & Strecke: 0,5 Std. für 1,35 km.

Ausrüstung: Schlittschuhe, sehr warme Klamotten, Wechselklamotten, Tee, ein Seil (nur für den Fall der Fälle).

Im Hintergrund sieht man das Tipi vom Naturkindergarten in Queng, wo auch der Campingplatz am See für ein kuscheliges Wochenende ist.

dass man sich bequem festhalten kann. Mit Kindern kann man dort gut und sicher fahren.

Unter der Brücke hindurch beginnt der hintere Teil des Sees. Dort ist der Zulauf, und je weiter man in den Bereich hineinfährt, desto dünner wird das Eis. Am anderen Ende sieht man das fließende Wasser. Besser fernhalten! Trotzdem ist es einfach wunderbar, den See einmal aus dieser Perspektive zu erleben. Unter der Brücke hindurch geht's zurück auf den vorderen Teil des Sees und am anderen Ufer wieder zurück. Ein Erlebnis, das es nicht alle Jahre gibt, aber immer wieder!

FAZIT: GANZ BESONDERES, EHER SELTENES UND KOSTENLOSES NATURERLEBNIS. MAN KANN AUCH MIT DEM SCHLITTEN AUFS EIS SOWIE MIT HUND, KIND UND KEGEL.

2. KAPITEL AUSFLÜGE

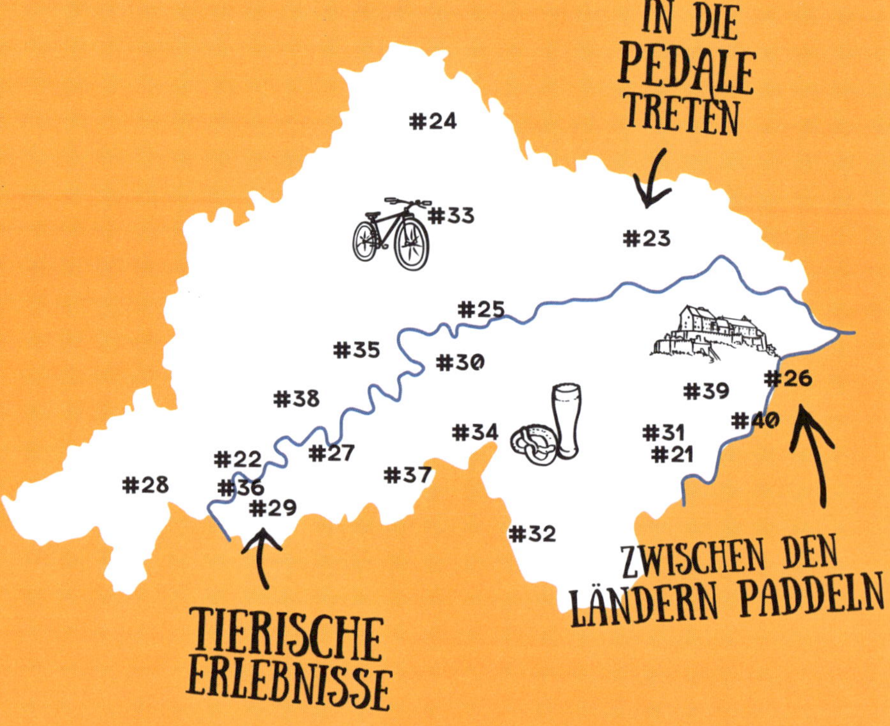

Raus für einen Tag

Entspannte Trips ins Grüne für Geschichtsinteressierte, Abenteuerlustige und Stadtkinder. Historische Gemäuer und alte Sagen warten darauf, entdeckt zu werden.

12H

BUND-WERKSTADL-HOPPING

... rund um Burgkirchen und Garching

#21

Blockbau und Fachwerk hat jeder schon mal gehört. Aber Hand aufs Herz, wer kennt das Bundwerk? Wer die Handarbeit von Zimmerern und Malern aus dem 19. Jahrhundert bestaunen möchte, kann das während des Radelns durch den Süden der Region. Aber Achtung! Nicht nur die Hoffassaden lenken vom Weg ab.

#hopponhoppoff #Schnitzeljagd #Radlhopping #Handwerkskunst #Alpenblick

Der „schönste bemalte Bundwerkstadl Deutschlands“ in Gallersöd.

Ich sehe was, was du nicht siehst und das ist: gitterförmig, bunt bemalt, manchmal ein wenig versteckt und an bäuerlichen Gebäuden zu finden. Bei dieser Route heißt es »Augen auf!«, denn nicht immer sind die künstlerischen Verzierungen der Bundwerkstadl direkt zu entdecken.

Rauf geht's auf den Drahtesel und den ersten Berg hoch. Auf dieser Route folgt man ab dem Bahnhof Burgkirchen an der Alz ganz einfach den violett-orangenen Schildern, die die Bundwerkstadltour auf der gesamten Strecke ausweisen. Sobald der Ortsteil Holzen hinter einem liegt und man in das verschlafene Halsbach abbiegt, sollte man auch schon auf Verkehrsteilnehmer der besonderen Art achten, denn Feldhasen und Rehe erhalten in dieser Gegend kein Straßensicherheitstraining.

Wer einen der schönsten Bundwerkstadl und die Nummer eins der Route nicht verpassen möchte, besucht Gallersöd mit seinen bunten Malereien. Weiter unter der Sonne gelangt man als Nächstes zum Bundwerkstadl Pfeffersöd.

Der Weg zur Mittagsjause führt durch Kirchweidach, vorbei an der historischen Landesgrenze zwischen Bayern und Salzburg, die heute bei Aichbichl noch durch einen farben-

frohen Wegweiser markiert ist. Auf dem Weg zur wohlverdienten Rast kann man dann auch noch den Bundwerkstadl Nummer drei, Moosen, erspähen.

Und da ruft er auch schon, der Berg! Nämlich der höchste Punkt im ganzen Landkreis. Das Bänkchen unter dem einsamen Baum auf dem Rainbichl verlangt geradezu nach einer kleinen Pause. Zwischen Kornfeldern und Mohnblumen, in der Stille der Weite, können müden Radlern durchaus die Augenlieder schwer werden. Gegen ein kleines Nickerchen ist auch nichts einzuwenden, denn vierzig Kilometer Wegstrecke sind noch zu meistern.

Kaum aufgesattelt und losgetreten, warten bei der südlichen Umrundung Tyrlachings schon Bundwerkstadl Emmering und Stadl Nummer fünf, Oberweidach bei Feichten, darauf, bestaunt zu werden. Ab hier kann richtig in die Pedale getreten werden. Die nächsten Kilometer führen nach Wald an der Alz und über die Brücke nach Garching an der Alz. Wer Lust hast, hängt hier sein Fahrrad am

---

Hin & weg: Mit dem ÖPNV Bahnhof Burgkirchen an der Alz, mit dem Pkw Tiefgarage am Max-Planck-Platz.

Beste Zeit: Frühsommer, wenn der Mohn zu blühen beginnt und bevor die Sonne zu stark wird.

Dauer & Strecke: Mindestens 5 Std. Zeit fürs Radeln und Staunen, 63 km und 443 hm.

Ausrüstung: Sonnencreme, Brotzeit, ausreichend zu trinken.

Die bäuerlichen Bundwerkstadl sind eine Attraktion dieser ausgedehnten Radtour, die andere ist die herrlich ruhige Landschaft mit ihren Dörfern und Weilern, die man durchradelt.

Rathaus an die Ladestation und spaziert den Geschichtsrundweg um die SKW-Siedlung ab. Wer genau hinsieht, entdeckt auch hier das Bundwerk an den Häuserfassaden.

Im Schatten des Garchinger Harts, vorbei am sechsten Bundwerkstadl Hub, führt die entspannte Wegetappe an Nummer sieben vorbei, durch Unterneukirchen, entlang der Geologischen Orgeln (Verwitterungsschlote) von Oberschroffen bis nach Hirten. Vom Alzkanal begleitet, führt der letzte Kilometer im Schatten der Bäume zurück zur Ausgangsstation. Wer hat alle Bundwerkstadl gefunden?

FAZIT: WELCHER DER SIEBEN BUNDWERKSTADL IST DER SCHÖNSTE? ODER GEWINNT DOCH DIE RADSTRECKE MIT BERGKULISSE?

MÄCHTIG GELB MACHT DER MAI

… von Kloster zu Kloster durch das Inntal

#22

Mächtig ist nicht nur der Inn, als einer der größten Alpenflüsse. Mächtig beeindruckend sind auch die beiden Klöster, die Start- und Endpunkt der Flusswanderung bilden und den Spazierweg durch das blühende Inntal einrahmen.

#durchdiegelbeBrille #vonKlosterzuKloster #Klostergarten #Entschleunigung

Am Ziel wartet das Kloster Au am Inn auf müde Wanderer. Im Bräustüberl gibt es bestes Klosterbier.

Das Motto des Tages lautet wenig überraschend: »gelb«. Denn gelb ist schon die Torkapelle am Grottensteig, die den Startpunkt der leichten Wanderung förmlich einrahmt. Am Innufer angelangt, folgt der Weg dem Fluss abwärts und gibt schon bald den Blick auf die Terrassentreppen frei, Zeugen der Flussgeschichte des Alpengiganten. Die Kiesstraße wird begleitet von schattenspendenden Bäumen, Bänken, Picknickplätzen und Holzliegen, die das Vorankommen mehr zu einem Müßiggang statt zu einer Wanderung werden lassen.

Einen kurzen Moment verlässt der Pfad die Gesellschaft des Flusses und gibt den Blick frei, auf gelb gefärbte Wiesen und die beiden

Nur durch das Café ist der traditionelle Klostergarten zugänglich. In der hauseigenen Gärtnerei gibt's alles Gesehene zu kaufen.

Türme des Klosters (www.klostergars.de), bevor er die Wandernden wieder mit hohen Baumkronen ummantelt. Erst wenn das Wasserkraftwerk ins Sichtfeld rückt, lichtet sich der von Bäumen gesäumte Weg allmählich. Seit über 80 Jahren wird hier regenerative Energie erzeugt.

Hin & weg: Mit dem Zug zum Bahnhof Gars am Inn, weiter zu Fuß (1,5 km) oder mit dem Bus zur Haltestelle Gars, Innbrücke, um in die Tour einzusteigen, mit dem Auto direkt zum Marktplatz. Zurück von Au am Inn fährt der Bus 31.

Beste Zeit: Frühling, wenn Löwenzahn und Raps in voller Blüte stehen.

Dauer & Strecke: 5 Std. für 9 km (ab Marktplatz) Wandern, Genießen und Rasten.

Ausrüstung: Gelassenheit und Zeit zum Entdecken und Auskosten.

Zum Sonnetanken lädt das Bänkchen an der Fischwanderhilfe ein, bevor es zum überraschendsten Abschnitt der Wanderung weitergeht. Ab Kilometer fünf formen Bäume und Fluss zusammen eine fast mystisch wirkende Allee, die erst mit der Querung eines kleinen Baches endet. Die Brücke über den Reitengraben eröffnet ein ganz neues Landschaftsbild.

Durch Pusteblumen und gelben Löwenzahn führt ein Trampelpfad durch das »Blühende Inntal«. Ehemals als Maisacker genutzt, kann sich der Spaziergänger heute an einer bunten Blumenwiese erfreuen. Im Projekt BayernNetzNatur werden Pflegemaßnahmen organisiert, die Artenvielfalt und Blütenpracht im gesamten Landkreis fördern und für die kommenden Generationen bewahren.

Mit diesem Wissen folgt man nun einem kleinen Anstieg hinauf, bevor das Tagesziel ins Sichtfeld rückt. Majestätisch spitzen die Zwiebeltürme des Klosters Au am Inn (www.franziskanerinnen-au.de) mit seinem traditionsreichen Bräustüberl (www.braeustuebrl-au.de) durch die Bäume, untermalt durch, wie soll es anders sein, gelbe Rapsfelder.

Wer das Szenario aus der Vogelperspektive betrachten möchte, nimmt die 170 Höhenmeter und den einen Kilometer extra Rundweg hinauf zur Wegekapelle in Kauf und bereichert die Tour um einen mächtig imposanten Aus-

Entlang des Weges können überraschend erfrischende und tierische Entdeckungen gemacht werden.

blick auf das Kloster Au, den Inn und seine Hangterrassen. Zurück in Gars am Inn lohnt sich ein Abstecher in die Klostergärtnerei. Vielleicht findet sich ja ein gelber Blumenstrauß als Mitbringsel für den Brotzeittisch.

FAZIT: WUNDERSCHÖNE FRÜHLINGSTOUR, GESPICKT MIT ÜBERRASCHENDEN ENTDECKUNGEN AM WEGESRAND.

HEU-SAUNA BEIM GIPFEL-STÜRMEN

… mit dem Fahrrad durchs Holzland

#23

Das geht doch nicht?! Das geht ja wohl! Denn auch ohne alpines Gebirge lassen sich Höhenmeter sammeln. Zwischen Höfen und Feldern, begleitet vom Duft frisch gemähter Wiesen, geht es kaum einen Kilometer nur geradeaus. Wer ins Schwitzen gerät, beendet die Runde mit einem Sprung ins kühle Nass.

#Heuernte #GipfeHoibe #bisdieBremsenglühen #HolzlandVibes

Diverse hölzerne Skultpturen wie dieses Sofa hat ein Holzkünstler geschaffen und für den aufmerksamen Wanderer in der Landschaft verteilt.

»Ab aufs Rad!«, heißt es beim Friedhof in Reischach. Für diese Route folgt man am besten den bunten Tour de Holzland-Schildern an den Radwegweisern. Von Reischach nach Wald bei Winhöring führt der erste Anstieg quer durch das tertiäre Isar-Inn-Hügelland und vorbei an Landwirten, die fleißig ihre Wiesen abmähen. Der Duft nach Heu und die Mähdrescher begleiten einen nahezu die gesamte Wegstrecke. Ebenso die Schweißperlen auf der Stirn, denn es wird ordentlich in die Pedale getreten.

Hin & weg: Das Auto wird geparkt am Friedhofparkplatz in Reischach, Erlbacher Straße 4, Reischach.

Beste Zeit: Juni, wenn die Bauern ihr erstes Heu der Saison machen.

Dauer & Strecke: 5 Std. für 36 km Radvergnügen bei 451 hm und Badespaß.

Ausrüstung: Badesachen, Picknickkorb und jede Menge Sonnencreme.

Wer die hügelige Strecke geschafft hat, kühlt sich am besten im Badesee Hochmühl ab.

Früher war in dieser Gegend alles von Laubmischwäldern bedeckt. Daher der Name Holzland. Trotz der Rodung der Bäume für die Landwirtschaft, hat sich die Bezeichnung bis heute durchgesetzt. Geblieben ist, neben dem Namen, eine Bauernhoflandschaft aus dem Bilderbuch. Die nächsten Kilometer fährt man durch und daran vorbei.

Mitten durch Pleiskirchen kann man sonnengeküsst beim Gasthaus Münch (www.gasthaus-muench.de) einkehren und wohlverdient ein Päuschen einlegen. Wer abends Sterneküche genießen möchte, kann sich direkt beim Huberwirt (www.huber-wirt.de) gegenüber schon mal einen Tisch reservieren. Begleitet von Aus- und Weitsicht führt die hügelige Strecke weiter nach Winhöring.

Bei Kaining wartet eine besondere Belohnung für das viele Auf und Ab. Riesengroße Holzschnitzereien finden sich in der Landschaft verstreut und ein besonderes Prunkstück lädt zur Trinkpause und einem suchenden Blick durch die Landschaft ein. Wer findet das versteckte Nest mit den riesigen Vogeleiern?

Einen Seitenblick nach rechts riskieren sollte man unbedingt auf der Strecke zwischen Winhöring und Steinhöring. Der Blick auf den mächtigen »Dom des Inntals« in Neuötting ist von hier besonders einmalig.

Der vorletzte Wegabschnitt führt am nostalgischen Bahnhof in Eisenfelden vorbei, zurück nach Reischach, hoch hinaus zum Aussichtspunkt Zehenthof. Der sehr steile Anstieg verspricht richtiges Sauna-Feeling an heißen Tagen und belohnt mit einer herrlichen Aussicht auf die Bergkette der Alpen. Beim Picknickplatz ist die Liter-Wasserflasche ganz leicht geleert, versprochen!

Rollen lassen, bis die Bremsen glühen, heißt es nach dieser anstrengenden letzten Etappe. Zurück am Parkplatz sollte man unbedingt noch die zwei Kilometer des Rottal-Inn-Radweges bis zum Badesee Hochmühl einplanen, um sich die Abkühlung nach der schweißtreibenden Radtour nicht entgehen zu lassen.

FAZIT: FLACH ZU LANGWEILIG? BERGIG ZU STEIL? DANN IST DIESE TOUR PERFEKT FÜR MOTIVIERTE RADLFREUNDE GEEIGNET!

STEIN-RÄTSEL-RATEN

... im historischen Neumarkt-Sankt Veit

#24

Weil die Geschichte von Neumarkt-Sankt Veit bis ins Jahr 1171 zurückreicht, liegen die Schätze der kleinen Stadt in schnörkeligen Steinen und alten Torbögen, in Gitterfenstern und schmiedeeisernen Schildern, in Brunnen und Kellern. Also, Augen auf und nichts auslassen!

#faszinierendeFassaden #Stadtspaziergang #InnSalzachBauweise

Die kleine Kapelle vor dem ehemaligen Kloster ist ein schöner Rastplatz.

Schon der Bahnhof, ein Schmuckstück! 1880er roter Klinker, ein Traum. Aber jetzt geht es erst einmal am Flüsschen entlang, das die Stadt prägt, der Rott. Grün und träge schlängelt sie sich durch die säumenden Gebäude, bis eine Gabelung Richtung Norden führt. Der Herzogliche Kasten beherbergt heute die Stadtbücherei und lädt mit seiner mächtigen Präsenz in sein kühlendes Inneres ein. Vor dem Eingang ein kleines Gärtchen. Wenn das Hexenhäuschen darin von Gnomen bewohnt würde, es wäre gerade passend.

Durch einen blumenbewehrten Fußweg betritt man den rechteckigen Stadtplatz, dessen Häuser eng aneinandergebaut, bunt gestri-

chen und von zwei beeindruckenden Toren eingefasst einen Eindruck davon geben, welche Bedeutung der Markt 1269 gehabt haben muss. Rechter Hand führt das Untere Stadttor, datiert auf 1542, hinaus zum Kloster. Das älteste Gebäude der Stadt, zum Teil original aus dem 15. Jahrhundert, liegt auf einer Anhöhe und blickt majestätisch übers Land. An

Im historischen »Kulturbahnhof« finden immer wieder Veranstaltungen statt.

der kleinen Kapelle dahinter ist es beim Brotzeitmachen richtig gemütlich.

Einen Schlenker an der Rott entlang weiter wartet das nächste Kleinod. Das Schloss Adlstein, heute das Rathaus, sitzt in seinem üppigen Garten und lädt zum gepflegten Flanieren ein, während Enten schnattern und Vögel zwitschern. Und dann der schönste Teil der historischen Schatzsuche: rund um den Stadtplatz, in Hinterhöfen, kleinen Sträßchen und an bunten Fassaden! Wer die Augen offen hält, entdeckt überall historische Gemäuer, alte Schilder, liebevoll gestaltete Details und Neues in alten Gewändern. Die Liste der Baudenkmäler enthält allein am Stadtplatz über 20 historische Gebäude. Gut, dass der Platz auch Restaurants und Eisdielen beherbergt, wo man sich ausgiebig stärken kann für den kurzen Weg zurück zum Bahnhof.

Hin & weg: Bahnhof Neumarkt-Sankt Veit.

Beste Zeit: Ganzjährig, am schönsten im Frühjahr (www.neumarkt-sankt-veit.de).

Dauer & Strecke: 1,5 Std. für 5,2 km. Mit Pausen ein schöner halber Wandertag.

Ausrüstung: Proviant, gute Schuhe, eine Liste der Baudenkmäler zum Abhaken (zum Beispiel unter w.wiki/9jar), Stift.

FAZIT: EIN SPAZIERGANG FÜR »ARCHI-NERDS«, BROTZEITPAUSEN UND STILLE SPOTS INKLUSIVE.

WASSER MARSCH!

... durch Mühldorf am Inn

#25

Wasserschlössl, Kneippanlage, Innauen, Sandstrand, Wasserbrunnen und dazu noch ein wenig Inn-Salzach-Bauweise gefällig? Natur und Kultur kombiniert man an heißen Sommertagen am besten in der wunderschönen Handelsstadt am Inn.

#WasserRoute #kühlerKopf #Erfrischunggefällig #Stadtstrand #ZehenimSand

Auf dem Naturerlebnisweg Innaue wird's erfrischend. In der Sonne brutzeln kann man an den Sandbänken des Inns.

Die Wettervorhersage verspricht 30 Grad und strahlenden Sonnenschein? Es sind Sommerferien und die Freibäder sind überlaufen? Dann nichts wie auf in die mittelalterliche Handelsstadt Mühldorf (www.muehldorf.de), die neben dem historischen Stadtkern so einige erfrischende Ruheoasen zu bieten hat.

Geparkt wird passenderweise am Hallenbadparkplatz in der Leopoldstraße. Der Hinweistafel zum Stadtplatz folgend, führt der Weg durch die dichten Häuserzeilen hindurch, mitten auf den belebten Mühldorfer Stadtplatz. Wie viele Städte der Inn-Salzach-Region, erstrahlt auch die Handelsstadt in den pastellfarbenen Farben des Inn-Salzach-Baustils. Eine erste Abkühlung verspricht der Salzburger Hochbrunnen, ein Geschenk eines Salzburger Fürsterzbischofs 1692.

Ein kurzer Blick auf die kurios gestaltete Gebäudefassade des Jagd-Musseums garantiert ein Lächeln, bevor beim urigen Café Eicher (www.konditorei-eicher.de/cafe-muehldorf) der Wanderrucksack mit Proviant gefüllt wird. Nächstes Ziel: Innbrücke. Wenn man diese überquert hat, leitet eine kleine Treppe rechter Hand hinunter zum Fluss. Der kiesige Wan-

derweg führt direkt zum Naturerlebnisweg Innaue (www.naturinnbewegung.de), welcher auf gut vier Kilometern den Auwald durchquert. Und schon heißt es »Wasser marsch!« Selbst die Erwachsenen kommen nicht trocken an Wasserpumpe und -rad vorbei, die erste Station von zehn weiteren.

Zwischen Tothölzern, Holunderbüschen und interaktiven Erlebnisstationen gibt der Auwald immer wieder einen Blick auf den Inn und seine gegenüberliegenden Sandbänke frei. Wer sich bereits genug abkühlen konnte, kann sich am Wochenende mit der letzten seilgebundenen Innfähre Josef III auch wieder auf die städtische Seite überführen lassen.

Zum Arm-Kneippbecken wird der Artesische Brunnen inmitten des Waldes. Etwas weiter am Weg sorgt das mitgebrachte Picknick im kleinen, beschatteten Garten der Fachakademie für eine erholsame Pause. Hier darf man sich sogar Beeren aus dem Sträuchergarten stibitzen, bevor es weiter zur elften und letzten Station geht.

Nach dem erneuten Überqueren der Inn-Brücke, führt auch auf dieser Seite des Flus-

---

Hin & weg: Zugreisende starten am Bahnhof Mühldorf am Inn, ca. 1 km zu Fuß bis zum Hallenbad; Parkplatz am Hallenbad, Leopoldstraße 1, Mühldorf am Inn.

Beste Zeit: Heiße Sommertage.

Dauer & Strecke: 6 Std. für 10 km inklusive Kneippen, Sonnenbad und Brotzeit.

Ausrüstung: Badesachen.

In Mühldorf kann man am Stadtplatz flanieren oder den Stadtstrand am Inn genießen.

ses eine Treppe hinunter ans Wasser. Dem Trampelpfad folgend, führen immer wieder Wegspuren an Kiesbänke und Innstrände, die Sonnenanbeter und Badenixen auf keinen Fall verpassen sollten. Ohne Sonnenschutz kann es hier ganz schön heiß werden.

Die ultimative Erfrischung wartet jedoch schon am Wasserschlössl (www.wasserschloessl.de). Was gibt es denn Schöneres nach einem langen Spaziergang, als seine Arme und Beine ins kühlende Kneippbecken zu verabschieden und den Ausflug gemütlich in einem Gastgarten ausklingen zu lassen?

FAZIT: GEHEIMTIPP FÜR AKTIVE AN HEIßEN TAGEN IN DEN SOMMERFERIEN.

VOGELFREI DURCHS GRENZGEBIET

… zwischen Bayern und Österreich

#26

Auf gut 16 Kilometern passieren die bayerisch-österreichischen Grenzflüsse ein Highlight nach dem anderen. Die weltlängste Burg, vier Millionen Jahre alte Erdgeschichte, Teile des Europa-Vogelreservats und der Zusammenfluss zweier mächtiger Gebirgsflüsse lassen Entdeckerherzen höherschlagen.

#Flussentdecker #Abenteuervoraus #zwischendenLändern #allesimFluss

Ganz entspannt lässt es sich mit SUP, Kanu oder Kajak auf der Salzach paddeln.

Der kleine Parkplatz vor dem Kindergarten in Wanghausen ist die ideale Ausgangsstation, um sich mit Sack und Pack auf das bevorstehende Abenteuer vorzubereiten. Ist erst einmal Luft im SUP-Board, sind die 200 Meter hinunter zur Salzach schnell gemeistert. Vor dem KHD-Stützpunkt der Feuerwehr kann man das SUP problemfrei zu Wasser lassen.

Das Flussabenteuer beginnt mit dem einmaligen Blick auf die weltlängste Burg, welche mächtig oberhalb der bunten Burghauser Altstadt thront. Vor lauter Staunen und Entdecken, darf der vorausschauende Blick nach vorne nicht vergessen werden, denn die alte Grenzbrücke zwischen Bayern und Oberösterreich lässt nicht lange auf sich warten.

In Wanghausen und Bergham lässt es sich ganz leicht ein- und aussteigen.

Geschickt durch die Brückenpfeiler gefädelt, führt die Salzach hinaus aus der Stadt, immer tiefer hinein in das Salzachtal.

Bei Flusskilometer 11,3 hat sich die Salzach in der letzten Eiszeit etwa 70 Meter tief in den Flinzsand eingegraben und einen mächtigen Sedimentaufschluss mit zahlreichen Höhlen hinterlassen, in denen die seltene Äskulapnatter und Uhus leben. Der Salzachdurchbruch wird hier von einem Damm aus Granitsteinen vor den Strömungen des Flusses geschützt. Hier gilt Vorsicht bei der Passage.

Etwas wackelig kann es auch beim Zufluss des Alzkanals werden. Aber keine Sorge. Große Hinweisschilder kündigen den Zusammenfluss weit im Voraus an. Nach dem kleinen Wellenritt, kann man sich getrost treiben lassen. Ruhe und Stille, die sich jetzt einstellen, sind Balsam für die Seele.

Langsam nähert sich das Fließgewässer dem Innspitz, dem Dreiecksgebiet zwischen der Salzach und dem Inn in der Gemeinde Haiming (www.inn-salzach.com/europareservat-unterer-inn). Stillwasser und Auwaldstreifen begrenzen das Landschaftsschutzgebiet und bieten vielen Tier- und Pflanzenarten hier Lebensraum. Aus Naturschutzgründen und aus Respekt der Umwelt gegenüber, sollte in der Vogelfreistätte Salzachmündung keinesfalls angelegt und gebadet werden.

Planschen kann man nämlich getrost ein paar Kilometer weiter unten am Inn, auf dem man

Imposant ist – neben dem Einstieg unterhalb der weltlängsten Burg – auch das Naturschauspiel Salzachdurchbruch.

sich nun ganz automatisch befindet. Hat man nämlich den Innspitz erst einmal passiert, erkennt man an der getrübten Wasserfarbe, dass sich der Inn die Salzach bereits einverleibt hat und sie von hier aus als Einheit weiter Richtung Donau ziehen.

Ein Stück weit bleibt man mit dem SUP noch auf dem Inn, bis sich auf der flussabwärts linken Uferseite die Zufahrt nach Obergstetten auftut. Das Inn-Altwasser liegt hier still wie ein See und wird von Einheimischen gerne zum Sonnenbaden genutzt. Wer den vollen Luxus eines Badesees genießen möchte, trägt sein SUP am Ende des Altwassers einfach rüber in den Berhamer See der Gemeinde Kirchdorf am Inn. Nach der ganzen Paddelei hat man sich den Badespaß redlich verdient.

FAZIT: ABENTEUERLUSTIGE AUFGEPASST! HIER MÜNDET DER WASSERREICHSTE ZUFLUSS IN EINEN DER MÄCHTIGSTEN ALPENFLÜSSE.

Hin & weg: Uferweg auf Höhe der KHD Ach an der Salzach, Österreich; Parken (Auto 1) etwa auf Höhe von Wanghausen 67, Hochburg-Ach, Österreich; Parken (Auto 2) direkt am Badesee Bergham, Gstetten 13, Kirchdorf am Inn.

Beste Zeit: Mitte Mai bis Mitte Oktober.

Dauer & Strecke: 5 Std. für 16 km, länger für alle, die Badepausen einlegen.

Ausrüstung: Badesachen, Sonnencreme und Waterproof Bag.

PADDELN AUF DEM INN

… von Jettenbach bis Mühldorf am Inn

#27

Auf diesem Flussabschnitt sind Abgeschiedenheit und Natur pur garantiert. Ganz besonders beeindruckend: der Hörndlberg. Mit seinen 45 Metern Höhe ist der Prallhang einer der höchsten Uferabbrüche in Mitteleuropa und vom Wasser aus betrachtet ein echtes Naturschauspiel und einmalig in Europa.

#Genusspaddler #Flussfahrt #InnHighlights #Steilhang #Sandstrand

Die Boote muss man selbst mitbringen und sich um den Transport kümmern.

Das Thermometer hat die 30-Grad-Marke geknackt, die Sonne brennt vom Himmel herunter. Die Seen und Freibäder unterliegen der Herrschaft der Ferienkinder und fürs Wandern und Radfahren ist es viel zu schwül. Ein Glück, dass es in der Region mit Alz, Inn und Salzach gleich drei große Flüsse für aktive Auszeitsuchende gibt, die für Erfrischung sorgen.

Der wasserreichste Fluss Bayerns ist der Inn, ein typischer Gebirgsfluss. Der letzte frei fließende Abschnitt des Gewässers in Bayern verläuft in der Inn-Salzach-Region, genauer gesagt, zwischen Jettenbach und Töging am Inn. Das Auto unter der Brücke geparkt, startet die Paddeltour im Kajak genau hier, in Jettenbach. Der Einstieg gelingt problemlos und schon windet sich der Inn in engen Schleifen durch die Mühldorfer Schotterplatte. Bei starker Wasserführung können die zahlreichen Sohlschwellen ordentlich für Action sorgen, nichts für Unerfahrene.

In der dritten Schleife passiert der Fluss den Markt Kraiburg. Mit seinen engen Gassen und der für die Region typischen Inn-Salzach-Bauweise, lohnt sich hier ein Abstecher auf den historischen Marktplatz. Eine garantierte Paddelpause gibt es dann kurz vor der Heistinger Wand. Je nach Wasserstand bieten Kies- und Sandbänke immer wieder einladende Rast- und Schattenplätze.

Hin & weg: Einstiegstelle Jettenbach unter der Innbrücke und Ausstiegstelle Sandbank auf Höhe der Innstraße in Mühldorf am Inn, kurz vor der Innbrücke. Zurück mit der RB 44 vom Bahnhof Mühldorf am Inn (ca. 25 Minuten Fußweg von der Ausstiegsstelle).

Beste Zeit: Heiße Badetage bei passendem Pegelstand. Wer kein eigenes Boot hat, kann individuell begleitete Touren inkl. Equipment buchen: www.alpinundoutdoor.de.

Dauer & Strecke: 6 Std. für 23 km, mit Pausen natürlich länger.

Ausrüstung: Wasserdichte Box oder Rucksack, Picknick und viel zu trinken.

Ausgeruht und gestärkt steigt die Aufregung immer weiter an, denn die letzte unverbaute Prallwand am Inn bei Ebing gerät schon in Sichtweite. Wenn man ganz leise ist, hört man, wie die Wand, die majestätisch neben dem Fluss aufragt, arbeitet. Es knarzt und knackt und immer wieder rieselt Sand hinab. Lieber nicht zu dicht ranfahren! Durch die losen Kiesschichten und den ständigen Wechsel zwischen den Wasserständen rutschen regelmäßig Steine, Äste und Bäume ab.

Vorbei an der Fundstelle des sogenannten Ebinger Urelefanten führt der Fluss durch den Flossinger Forst, bis die ersten Sandbänke vor Mühldorf auftauchen. Namensgeber für

Wer sich alleine unsicher fühlt, kann auch ein Gruppenangebot beim Profi buchen!

diesen Ort waren übrigens die vielen Wassermühlen, die einst vom Inn betrieben wurden. Die Sandbänke entlang der Innstraße vor der Innbrücke eignen sich ideal für den Ausstieg und ein wohl verdientes Schläfchen in der späten Nachmittagssonne.

FAZIT: SOMMERLICHE ABKÜHLUNG ABSEITS DER MENGE GESUCHT? DANN NICHTS WIE REIN INS KAJAK UND RAN ANS PADDEL!

WALD UND WASSER SPÜREN

… auf dem Haager Toteiskesselweg

#28

Seerosenweiher und sumpfige Mulden verstecken sich in Feldern und Wäldern rund um Haag. Sie zu entdecken ist sogar für Kinder spannend. Damit nach so vielen Kilometern die Laune nicht sinkt, macht man am Ende einen Abstecher zum Naturbad und nimmt selbstgebaute Rindenschiffchen als Andenken mit.

#Blättersegel #Mückenspray #hausgemachteQuarkbällchen

Wie ein Fingerzeig ragen die Haager Schlosstürme weithin sichtbar in den Himmel. Die Landschaft ist hügelig bewaldet und ein bisschen spürt man die Weite bis zu den Alpen hinunter. Die Wanderung zu den Toteiskesseln (www.toteiskessel.de) führt zunächst hinaus auf die Felder.

Gut beschildert und jeweils mit einem QR-Code versehen, kann man die stummen Zeugen der letzten Eiszeit nicht verpassen, aber man muss sie entdecken – manche sind sumpfig, mit Wasser gefüllt, andere trocken und kaum zu erkennen. Entstanden sind sie am Ende der letzten Eiszeit durch das langsame Abschmelzen von Eisblöcken, die von Gletschern übrig geblieben sind.

Hin & weg: Parkplatz in Sandgrub/Haag oder Bushaltestelle Realschule.

Beste Zeit: Im Hochsommer, wenn das Getreide reif wird.

Dauer & Strecke: 1,5 Std. für 5,8 km; mit Badestopp am Naturbad leicht 5 Std.

Ausrüstung: Buggy für kleinere Kinder, Brotzeit, Badesachen, Mückenschutz.

So wird die Wanderung zu einem Weg zum Staunen und Entdecken. Keine buschige Mulde in der Wiese, sondern ein zauberhafter kleiner Weiher. Keine sumpfige Senke, sondern ein Froschteich. Und die Seerosen! Weil der Weg durch Wiesen, Felder und Wald führt, wird es nie langweilig.

Da sind Schafe auf der Weide, dort drüben Gänse, ein großer Kletterstein – und überall Bänke mit Aussicht zum Ausruhen und Pausemachen. Weil manche Toteiskessel sumpfige

Zumindest aus der Ferne lassen sich die Schlosstürme bewundern.

Weiher im Wald sind, schadet es nicht, sich zwischendurch mit Mückenspray zu umnebeln.

Ganz hinten angekommen, sucht man sich ein paar Rindenstücke, die im Wald überall zu finden sind. Ein Stöckchen eingedreht und ein Blatt als Segel – so können die kleinen Schiffchen auf ihre Reise zu den Seerosen geschickt werden. Oder man fischt sie wieder raus und nimmt sie als Andenken mit.

Am Ende lohnt ein Abstecher zum Naturbad Haag (www.inn-salzach.com/a-naturfreibad-haag-i-ob). Das ist an sich schon eine Reise wert. Der weitläufige, schön angelegte Badeteich wird von einer Insel mit riesiger Birke angenehm überschattet. Die Kleinsten können im Babybecken planschen, die Großen rutschen oder von den Springtürmen hüpfen. Ein Highlight sind, ganz unerwartet, die selbstgemachten Köstlichkeiten am Kiosk, wo man auch richtig gut essen kann. Für Scharfliebhaber lohnt sich der Teufelstoast mit hausgemachter Soße, eine Spezialität in der Region.

FAZIT: FAMILIENTAUGLICHER AUSFLUG MIT BADEOPTION, ABWECHSLUNGSREICH UND ZUM SCHLUSS TOTAL ENTSPANNEND.

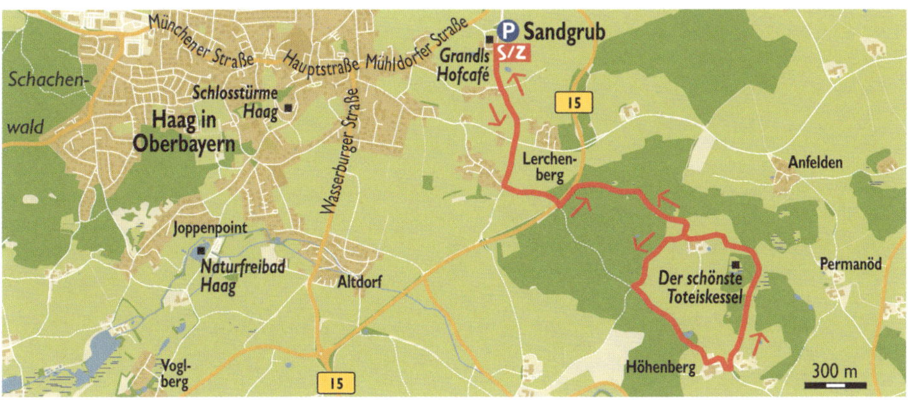

AUF SAFARI GEHEN

… in den südlichen Innauen

#29

Spannende und seltene Tiere beobachten, das ist immer eine gute Motivation für eine ausgedehnte Radltour. Noch dazu, wenn sie durch die schönen Innauen zwischen Gars-Bahnhof, Jettenbach und Unterreit führt, wo noch ganz andere Entdeckungen warten.

#aufTuchfühlung #lostPlaces #mitdenBüffelnröhren

Wer im Wildpark Oberreith Halt macht, kann sich über Spielplatz und Streichelgehege freuen.

Dem Fluss ganz nah kommt man schon, wenn man in Gars-Bahnhof sein Rad aus dem Zug hebt. Hier atmet alles den ruhigen Puls des Ländlichen, wo Fuchs und Hase sich Gute Nacht sagen. Die perfekte Einladung, um die Helme aufzusetzen und aufs Radl zu steigen.

In Mittergars die erste wunderbare Überraschung: Hoch über dem Inn gibt es einen Aussichtspunkt mit einem kleinen Bankerl, gegenüber die imposanten Mauern und Türme des Klosters Au am Inn. Den Fluss hinunter an Au vorbei liegt eine Vogelfreistätte. Dort gibt es eine Graureiherkolonie. Im Flug sind sie leicht an ihren S-förmig gebogenen Hälsen zu erkennen, denn so fliegt nur der Reiher.

Jetzt taucht man in die Au hinab. Etwas weiter den Weg entlang führt ein Abstecher zu einem Altwasser des Inns. Das ist eine Art Weiher, der früher zum Fluss gehört hat. Hinsetzen und ganz still sein – hier kann man den seltenen Eisvogel jagen sehen. Fast stößt man irgendwann direkt auf den Fluss, aber kurz vor dem Jettenbacher Wehr biegt der Weg ab. Beeindruckend ist es, den kurzen Abstecher auf das Wehr zu machen, vor allem, wenn gerade viel Wasser hindurchgeleitet wird. Ist das laut! Das macht einem so richtig bewusst, welche Kraft Wasser haben kann. Ein kurzes Stück weiter am Inn entlang hat man nochmal einen guten

Hin & weg: Direkt am Bahnhaltepunkt in Gars-Bahnhof.

Beste Zeit: Im Sommer, wenn es nicht sehr heiß ist.

Dauer & Strecke: 2,5 Std. für 28,3 km und 180 hm.

Ausrüstung: Fernglas, Fotoapparat und Radlhelme.

Das Biotop in Jettenbach bietet den Wasserbüffeln ideale Bedingungen. Sie sind zwar zutraulich, aber auch respekteinflößend.

Blick zurück, bevor der Weg nach Jettenbach abbiegt, wo man unbedingt eine Pause einlegen sollte. Sehenswert ist auf jeden Fall das bis in den Innenhof frei zugängliche Schloss, das den Grafen zu Toerring-Jettenbach gehört, aber nicht mehr bewohnt oder genutzt wird. Ein spannender Ort, dessen Verfall seinen geheimnisvollen Charakter hervorhebt.

Gleich unterhalb des Schlosshügels befindet sich ein kleiner Spielplatz und auf der anderen Straßenseite – Wasserbüffel! Ganz friedlich und ruhig streifen sie durch ihr weitläufiges, schattiges Gehege, das ein sumpfiges Biotop ist. Mit ihrer Beweidung und der Eigenart, sich zu suhlen, sorgen sie dafür, dass der Talraum auch für andere seltene Tierarten erhalten bleibt, zum Beispiel die Gelbbauchunke, die Zwergmaus oder verschiedene Libellen.

Über die schönsten Inn-Hügelland-Sträßchen geht es weiter Richtung Unterreit, wo man auf einer Weide am Wegrand mit etwas Glück kuschlige Alpakas sehen kann. Ein Stopp im Wildfreizeitpark Oberreith (www.wildpark-oberreith.de) wäre allein schon ein Ganztagesausflug, weshalb man sich auf dieser Tour mit einem kurzen Blick ins Streichelgehege mit Hühnern, Hasen und Ziegen begnügt – weiter geht's. Auf kleinen Straßen nähert man sich langsam wieder dem Inn und kehrt zurück zum Ausgangspunkt.

FAZIT: TOUR FÜR DIE GANZE FAMILIE MIT VIELEN TIERBEGEGNUNGEN UND ÜBERRASCHENDEN AUSSICHTEN. AUGEN OFFEN HALTEN!

DIE SAGE VOM HÖRNDL-BERG

… am letzten unverbauten Prallhang am Inn

#30

Der Hörndlberg ist einer der höchsten Uferabbrüche in Mitteleuropa. Eine Sage erzählt, dass an dieser Stelle einst das Hörndlberg-Schloss gestanden hat. Die Untaten der wilden Gesellen vom Stampflschloss, vom Guttenburger Schloss und vom Hörndlberg sollen aber nicht ungesühnt geblieben sein.

#Schiffsräuber #AhaundOho #Donnergrollen #Kiefermikado #schwindelfrei

Beim entspannten Sonnenbaden am Flossinger See ist man meist ungestört.

Einst soll hier das Hörndlberg-Schloss gestanden haben. Schiffe auf dem Inn wurden überfallen und geplündert, die Gefangenen grausam zugerichtet. Ausgeraubte Schiffsleut sollen von den Hörndlbergern an die Planken gefesselt und genagelt und zurück in die Fluten gestoßen worden sein, so erzählt man sich. Doch schließlich verfluchten Todgeweihte ihre Peiniger. Und so geschah es, dass ein übermächtiges Gewitter aufzog. Am nächsten Tag war das Hörndlbergschloss vom Erdboden verschwunden.

Die Sage steht am Aussichtspunkt geschrieben. Wenn man die gewaltige Wand so vor sich sieht, kann man der Geschichte auch etwas Wahrheit abgewinnen. Zu nahe heran wagt man sich nicht an die Felskante, die langsam vor sich hinbröckelt und vor dem Gebirgsfluss immer weiter zurückweicht.

Die Wanderung zur Heistinger Wand beginnt am Parkplatz des Flossinger Badesees. An Maisfeldern vorbei führt ein Trampelpfad hinein ins Dickicht und in den Wald. Brombeersträucher wuchern und ranken, die ersten Pilze spitzen durch den bemoosten Waldboden. Am beschilderten Aussichtspunkt angelangt, öffnet sich der Kiefernwald und gibt den Blick frei auf Innschleife, Äcker und die bewirtschafteten Felder dahinter. Den Kopf nach rechts geneigt, und schon glaubt man seinen Augen nicht mehr.

Urplötzlich hört die Ebene auf und bricht nahezu senkrecht ab nach unten. Geröll, Schutt und Bäume, teilweise riesige Felsbrocken türmen sich am Fuße des Prallhangs. Die Wand selbst gibt den Blick frei auf ihre Zeitgeschichte. Die deutlich zu erkennende Trennschicht in der Mitte des Abbruchs nennt man Flinz. Der eiszeitliche Schotterhang sackt kontinuierlich

---

Hin & weg: Parkplatz am Flossinger See, Polling (www.gemeinde-polling.de).

Beste Zeit: Mitte April bis Mitte September.

Dauer & Strecke: 1,5 Std. für 5,5 km, mehr Zeit einplanen bei anschließendem Badevergnügen im Flossinger See.

Ausrüstung: Schwindelfreiheit und Badesachen.

Die Heistinger Wand ist aus verschiedenen Perspektiven ein beeindruckendes Naturschauspiel.

nach, da sich der Außenradius des Flusses gnadenlos ausdehnt.

Vorsicht bei der Wanderung entlang der Kante. Teils umgestürzte Bäume können den Weg versperren, bevor sich dieser wieder zurück in die Gemeinde Oberflossing schlängelt. Durch die Siedlung hindurch, an einer Pferdekoppel vorbei, geht es über eine kleine Brücke zur Ortskirche und zurück zum Ausgangspunkt. Nichts ist perfekter nach dieser kleinen Wanderung als die Füße vom Steg in den Flossinger See baumeln und sich die Sonne ins Gesicht scheinen zu lassen.

FAZIT: EIN SAGENUMWOBENES NATURSCHAUSPIEL!

DAS UNIVERSUM IM KLEINEN

... auf dem Planetenweg in Burgkirchen

#31

Unvorstellbar, diese Entfernungen! Zwischen Sonne und Erde sind es ja nur ein paar Meter, anders sieht es zwischen Jupiter und Saturn aus: der Burgkirchner Planetenweg verdeutlicht eindrucksvoll, wie weit das Universum wirklich ist.

Aufmerksame Kinderaugen können entlang des Planetenweges so allerlei entdecken, wie das Zwergenmühlrad am Wegrand.

In Burgkirchen an der Alz warten ungeahnte Schönheiten auf Besucher. Der Plantetenweg (www.inn-salzach.com/a-planetenweg-burgkirchen) ist eine davon und ein paar andere streift er gleich noch mit. Startpunkt ist die Sonne, die an der oberen Hangkante über dem Alztal thront, ihrer wirklichen Bedeutung durchaus angemessen. Gleich hier eröffnen sich dramatische Aussichten.

Der Planetenweg deckt sich übrigens mit dem Geschichtsweg Burgkirchen, und wer sich die Zeit nimmt, kann viel über die hier gemachten Ausgrabungen aus der Steinzeit, über Römer, Kelten und Bajuwaren erfahren.

Zu den nächsten Planeten ist es gar nicht weit, nur ein paar Schritte Richtung Zentrum stecken Merkur, Venus, Erde und Mars in Original-Größenverhältnissen auf ihren Schildern – das heißt, die Sonne ist ungefähr einen Meter groß, während der Merkur ein Stecknadelkopf ist. Beeindruckend wird es, wenn man sich darauf einlässt und sich das wirklich vor Augen führt.

Genauso geht es einem mit den Entfernungen, denn immer weiter ziehen sich die Streckenabschnitte und führen aus dem Ortskern heraus, vorbei an dem historischen Kirchlein St. Johann Baptist und über das Naturparadies Halsbachtal hinweg Richtung Hirten. Häufig hat

man rechter Hand weite Ausblicke über das Alztal, während man breite Waldwege entlangwandert und immer mal wieder einen kleinen Schatz entdeckt. Eine Hütte zum Rasten, ein Zwergenmühlrad, ein Bankerl mit Aussicht und irgendwann, endlich: Saturn!

Jetzt kann man die Weiten des Sonnensystems spüren, noch einige Kilometer sind es bis Uranus, Neptun und schließlich, ganz am Ende des Wegs, Pluto. Der ist zwar mittlerweile degradiert worden zum Zwergplaneten, aber seine Station auf dem Margarethenberg ist so schön, dass man ihn auf keinen Fall missen möchte.

Unbedingt einen Blick werfen sollte man auch in die ursprünglich gotische Hallenkirche Mariä Himmelfahrt, die auch Dom des Alztals genannt wird. Sie wurde 1406 geweiht und im 18. Jahrhundert im Stil des Rokokos umgestaltet. An der Westseite befindet sich ein Beinhaus, in dem kunstvoll beschriftete Totenschädel aufbewahrt werden.

Die Wanderung ausklingen lassen kann man im Sommergarten des familiären Gasthauses Bartsch (www.gasthaus-bartsch.de). Wer den Planetenweg mit dem Rad erkunden möchte, kann das genauso tun. Zurück geht‘s dann

---

Hin & weg: Bahnhof Burgkirchen. Zu Fuß ca. 15 Min. zum Startpunkt an der Sonne. Am besten über den Max-Planck-Platz, damit man nicht schon einen Teil des Planetenwegs läuft.

Beste Zeit: Sommer, wenn's warm ist.

Dauer & Strecke: 2 Std. für 8,2 km und 129 hm (einfache Strecke).

Ausrüstung: Astronomiebuch, zur Sicherheit Blasenpflaster und wissenschaftliche Neugier.

Auf dem Planetenweg gibt es viel zu entdecken: Jede Infotafel ist zum Beispiel auch mit Blindenschrift versehen.

entweder mit dem Bus oder quer durch Hirten und auf der anderen Seite der malerischen Alz durch die Au wieder nach Burgkirchen. Und keine Sorge: Bei Schlechtwetter gibt es immer mal wieder Unterstellmöglichkeiten und die Wege bleiben begehbar.

FAZIT: LEHRREICHER RAD- ODER WANDERWEG, FÜR DEN MAN SICH GENÜGEND ZEIT NEHMEN SOLLTE.

NACH BRITISCHEM VORBILD

… die SKW-Siedlung in Garching

#32

Die Werkssiedlung des SKW zählt heute zu den schönsten deutschen Gartenstädten des 20. Jahrhunderts. Welchen nostalgischen Schatz Garching noch zu bieten hat und was es auf dem Weg dorthin zu entdecken gibt, verrät dieser ausgiebige Herbstspaziergang entlang der Alz.

#Umweltgarten #alteEisenbahnbrücke #Gartensiedlung #Kastaniengarten

Die alte Eisenbahnbrücke, die über die Alz führt, wird noch benutzt.

Bevor es in Richtung Gartenstadt geht, steht erst einmal ein Kleinod der Artenvielfalt an, der Umweltgarten Wiesmühl, der mosaikartig auf über einem Hektar Fläche angelegt ist. Besonders fesselnd sind die Becken der Unterwasserwelt. Durch vier Fenster kann man die heimischen Fische trockenen Fußes beobachten. Auch den fleißigen Bienchen kann man beim Arbeiten zusehen, denn diese schwirren bei den Lehrbienenständen geschäftig umher.

Fleißig wird von hier aus losmarschiert und zwar schnurstracks vorbei an der Gießmühle. Bei der Überquerung des Mühlbachs legt man abrupt einen kurzen Stopp ein, da hier eine Infotafel des Auenlehrpfads interessante Informationen zum Thema Mühlenhandwerk und Wasserkraft liefert. Etwa zwei Kilometer führt der Trampelpfad parallel zur Alz entlang, bis aus dem dichten Gebüsch plötzlich eine mächtige Eisenbahnbrücke auftaucht. Der Bau der Bahnstrecke Mühldorf–Freilassing im Jahr 1908 bedeutete einen enormen wirtschaftlichen Aufschwung für die damals wenig besiedelte Stadt Garching an der Alz.

Die Ansiedlung eines Zweigwerks der Süddeutschen Kalkstickstoffwerke und die damit beginnende Industrialisierung eröffnete dem kleinen Städtchen eine neue Welt.

Vom Umweltgarten im beschaulichen Wiesmühl führt die Wanderung ins Städtchen Garching.

Die 1923/24 errichtete Siedlung für die Arbeitenden und deren Familien prägt noch heute die Ortsdurchfahrt und ist das nächste Ziel der Wanderung.

Die Häuser der SKW- oder auch Janischsiedlung kann man nicht übersehen. Die hölzernen Fensterläden und bunten Fensterbemalungen der Reihenhäuser können auch heute noch weitgehend erhalten werden, ebenso die zugehörigen Gartenparzellen. Diese sind nach dem Vorbild der damaligen Gartenstadtbewegung in England angelegt worden, welche ein Leben im Grünen mit Nutzgärten und Kleintierhaltung als ideale Wohnform propagierte. Detaillierte Einblicke in die Geschichte der Gartenstadt gibt der Geschichtswanderweg SKW-Siedlung (www.inn-salzach.com/skw-siedlung-garching).

Der weitere Weg führt wieder aus der Stadt hinaus, entlang der Alz über die Brücke nach Wald an der Alz und am Fluss zurück Richtung Eisenbahnbrücke. Das Rauschen des Wassers wird immer lauter, bis schließlich das bereits passierte Wehr auftaucht. Die Granitblöcke bieten sich geradezu an für eine kurze Verschnaufpause am Wasserfall, und wer Lust auf eine Erfrischung hat, kann nicht nur an dieser Stelle die Beine ins kühle Nass tauchen.

Bei der nächsten Brücke wird der Fluss erneut überquert und es geht auf der anfänglichen Flussseite wieder zurück nach Wiesmühl an der Alz. Nach über zehn Kilometern Fußmarsch freuen sich die müden Beine auf eine wohlverdiente Pause im schattigen Biergarten bei Schmiedhubers (www.schmiedhubers.de).

Unter den bunt gefärbten Kastanienbäumen lässt sich der Ausflug mit einem kühlen Bier oder anderen Getränk in der Hand besonders entspannt Revue passieren.

FAZIT: AUSGEDEHNTE WANDERUNG MIT INDUSTRIEGESCHICHTE AM FLUSSUFER ENTLANG. EINFACH HERRLICH!

Hin & weg: Bahnhof Wiesmühl an der Alz, Parken am Umweltgarten Wiesmühl, Wiesmühl an der Alz 12, Engelsberg.

Beste Zeit: Sonnige Herbsttage.

Dauer & Strecke: Ein halber Tag für 10 km.

Ausrüstung: Picknickdecke, Badesachen und Ersatzsocken.

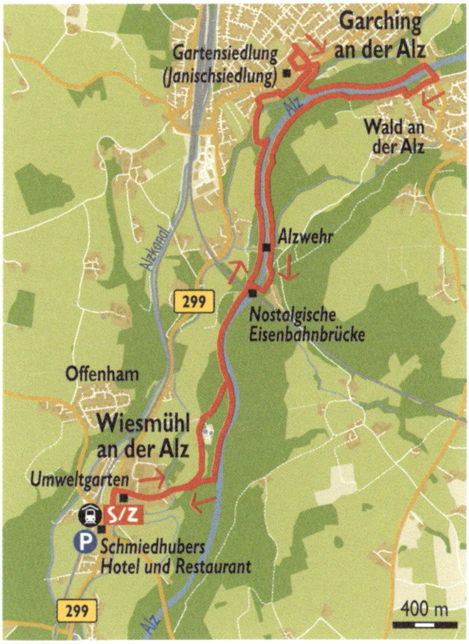

DER WADL-BEIßER

… nördlich von Mühldorf am Inn

#33

Bei diesen knapp 60 Kilometern geht garantiert kaum ein Kilometer eben dahin. Mit 600 Höhenmetern Aufstieg wird der Drahtesel auf der Tour mal mehr, mal weniger gefordert. Der Rundweg ist genau das Richtige, wenn nach einer Radtour die »Waden beißen« sollen.

#Strampelstrecke #Durststrecke #dieSportliche

In Neumarkt-Sankt Veit hat man noch zwei Drittel des Wegs vor sich. Ein Eis auf dem belebten Stadtmarkt ist dafür eine willkommene Stärkung.

Nur keine Zeit mit langsamem Herantasten verlieren. Bei dieser Radtour geht es gleich ab dem ersten Meter hoch hinaus. Den Start legt der Mühldorfer Stadtberg (www.muehldorf.de) hin und führt sportlich Radelnde für kurze Zeit durch geschäftiges Treiben hinaus Richtung Mößling, hinein in ruhigere Gefilde.

Ab der Querung der Isen kommt zwar der Stoffwechsel in Schwung, die Wiesen und Felder, die Weite und Ruhe garantieren jedoch einen freien Kopf bis zum Ende der Fahrt. Im ländlichen Niederbergkirchen grasen die Kühe, in Niedertaufkirchen sagen sich Fuchs und Hase gute Nacht und langsam, Pedaltritt um Pedaltritt, ist die Hektik des Tages vergessen und die Inn-Salzach-Stadt Neumarkt-Sankt Veit kommt in Sicht.

Die liebenswerte Kleinstadt mit ihrem bunten Stadtplatz liegt genau richtig für die erste Rast und ein kühles Getränk in einem der Gastgärten. Wer mit dem E-Bike unterwegs ist, findet hier auch Stationen für eine Zwischenladung. Wieder gestärkt, führt die Strecke über den höchsten Punkt der Tour nach Egglkofen zur nördlichen Grenze der Inn-Salzach-Region. Immer munter, hoch und runter, durch die Gemeinde Schönberg hindurch und mit der Sonne im Rücken geht es fortan zurück Richtung Süden.

Bei klarem Wetter wird nun stets begleitet vom Alpenpanorama gestrampelt. Einen besonders schönen Blick auf die Berge kann man bei der Ausfahrt aus Lohkirchen erhaschen. Äußerst hübsch ist auch das Kloster in Zangberg. Für einen Spaziergang durch die Gartenanlage und die freundlichen Gespräche mit den Ordensschwestern lohnt sich der Abstieg vom Fahrrad allemal.

Ab Mettenheim spürt man bereits, dass sich das Stadtleben wieder nähert. Ein paar letzte Blicke in die Weite können im schattigen Biergarten oder auf der sonnigen Hangterrasse im Restaurant Bastei (www.hotel-bastei.de) genossen werden. Wem der Magen knurrt, kann hier einkehren und die Tour gebührend abschließen. Bis zum Ausgangspunkt sind es nur noch wenige Meter.

Aus- und Weitblick verspricht die Tour von der Handels- in die Rottstadt.

FAZIT: WER DIESE RUNDE GEMEISTERT HAT, HAT SICH EINE KÜHLE ERFRISCHUNG IM BIERGARTEN REDLICH VERDIENT.

Hin & weg: Bahnhof Mühldorf, von dort etwa 5 Min. mit dem Rad zum Startpunkt der Tour an der Kreuzung Altmühldorfer Weg und Stadtberg in Mühldorf.

Beste Zeit: Radeln mit der Herbstsonne.

Dauer & Strecke: Mindestens 4 Std. für 60 km und 593 hm (ohne E-Antrieb eher länger).

Ausrüstung: Genug Luft in den Reifen und ausreichend viel Durstlöscher.

IM HIER UND JETZT

… durchs Grünbachtal

#34

Goldgelbe Maisfelder, Tau an versteckten Spinnennetzen, Wasserperlen an den Gräsern, Kastanien entlang der Wege und über allem eine Decke aus frühmorgendlichem Herbstnebel und Stille. Ein Spaziergang zum Ankommen bei sich selbst.

#stilleMomente #HerbstLiebe #aufSinnsuche #Morgentau

Der Grünbach begleitet die Wanderer fast auf dem gesamten Weg.

Die Tage werden kürzer, die Luft frischer und die Natur bunter. Perfekt um die dritte Jahreszeit mit einem ausgiebigen Morgenspaziergang zu begrüßen und es dieser nachzumachen, einen Gang zurückzuschalten und den Wandel der Zeiten zu zelebrieren.

Zwischen den Gemeinden Oberneukirchen und Polling eingebettet fließt ein Bächlein durch das nach ihm benannte Grünbachtal und das sogenannte Bucher Moor. Die Namen lassen schon erahnen, dass die Landschaft hier nur als idyllisch beschrieben werden kann.

Die Tour beginnt am Parkplatz beim Dorfladen gegenüber der Pfarrkirche St. Margareta. Zunächst führt die Straße durch die Gemeinde, doch bereits ein paar Minuten später befindet man sich inmitten von grünen Wiesen, goldenen Maisfeldern und vollbehangenen Walnussbäumen. Auf asphaltiertem Weg geht es immerzu die Grünbacher Straße entlang. Mühsam kämpft sich die Sonne durch die dichte Nebeldecke und taucht die Landschaft in das magische Licht der herbstlichen Jah-

---

Hin & weg: Vom Bahnhof Mühldorf am Inn gelangt man mit dem Bus zur Haltestelle Friedhof, Oberneukirchen; wer mit dem Auto anreist, kann am zentralen Gemeindeparkplatz Hofmark, Oberneukirchen, parken.

Beste Zeit: Herbstlicher Frühmorgen am Wochenende.

Dauer & Strecke: Gehzeit etwa 2 Std. für 9,5 km, länger mit Einkehr.

Ausrüstung: Picknickdecke, Achtsamkeitstagebuch, kleines Handtuch.

Das Grünbachtal ist noch sehr ländlich geprägt und dünn besiedelt.

reszeit. Nach etwa vier Kilometern bietet der Bach eine gut gelegene Erfrischungsstation für die Füße. Wer traut sich bei den Herbsttemperaturen durch den Bach zu kneippen?

Schon bald darauf ist der Pollinger Ortsteil Grünbach erreicht. Wer Glück hat und zur richtigen Zeit unterwegs ist, kann im urigen Grünbacher Hof (www.gruenbacher-hof.de) einkehren und seine Rast traditionell bayerisch genießen.

Der Rückweg führt dann am Waldrand entlang. Mittlerweile scheint die Sonne satt über die Baumwipfel und mitten ins Gesicht. Einfach perfekt für ein kleines Achtsamkeitstraining. Wer seine Picknickdecke im Rucksack hat, wird bestimmt ein Sonnenplätzchen finden, um sich für einige Zeit im süßen Nichtstun zu verlieren. Alternativ bietet sich ein kleines Holzbänkchen entlang des Weges an, um den Moment der Stille im Hier und Jetzt auf sich wirken zu lassen. An diesem Ort wird man bestimmt nicht gestört, wenn man seine Gedanken im Tagebuch festhalten möchte.

Noch drei tiefe, bewusste Atemzüge, bevor wieder alles verstaut wird und die letzten zwei Kilometer Richtung Auto anbrechen.

FAZIT: EIN HERBSTSPAZIERGANG WIE AUS DEM BILDERBUCH. EINE REISE ZUM ICH!

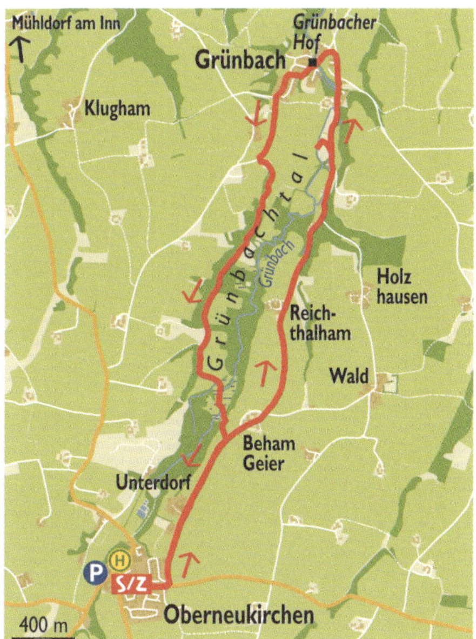

ZEIT-GESCHICHTE SPÜREN

… rund um den Mühldorfer Hart

#35

Nachdenklich werden, einen winzigen Teil dessen nachempfinden, wie es damals gewesen sein muss: Die Gedenkorte im Mühldorfer Hart liegen mitten in einem ausgedehnten Wald, wo einst Bunker zur Produktion von Flugzeugen gebaut, aber nie fertig gestellt wurden. Ein zeitgeschichtlicher Spaziergang.

#Stillespüren #Winterspaziergang #neveragain

Liebevoll bemalte Steine werden überall zum Gedenken abgelegt.

Das ausgedehnte Waldgebiet Mühldorfer Hart liegt zwischen Mühldorf am Inn, Ampfing und Waldkraiburg, dessen Geschichte im Zweiten Weltkrieg begann. Die Stätten im Wald aber zeugen nur von einem Ende, oder vielmehr von zahllosen Enden (www.kz-gedenk-mdf.de).

Die Wege durch den Hart sind oft schnurgerade und knicken scharf rechtwinklig ab. Daran entlang stehen Quader, auf die bei vorherigen Besuchen bemalte Steine gelegt wurden. Kleine Engel oder die Friedenstaube sind darunter zu finden. Dieser Spaziergang bietet genug Zeit, um die Gedanken schweifen zu lassen.

Die erste Gedenkstätte ist das Waldlager, wo Mulden im Boden von den einstigen »Wohnstätten« der Zwangsarbeiter und KZ-Häftlinge

zeugen. Holzgedeckte Gruben im Boden, an den Rändern schliefen die Menschen auf Holzbrettern, in der Mitte konnte man gerade stehen. Zeitzeugenberichte und Geschichtliches ist auf großen Tafeln aufbereitet, die Wege leiten den Blick und die Bäume klagen als stille Zeugen optisch an. Am ehemaligen Appellplatz sind sie weiß gestrichen, um das tägliche Zählen eindrücklich zu veranschaulichen. Am Massengrab, der nächsten Station auf dem Weg, ragen Baumstümpfe in den diesigen Winterhimmel für die mindestens 2000 Menschen, die hier den Tod fanden. Einige Kilometer durch den nebligen, regnerischen Wald liegen zwischen den Gedenkorten. Zeit, um in Ruhe alles auf sich wirken zu lassen, sich zu erinnern und die Stille in sich selbst zu finden.

Die Stätte, die durch ihre schiere Größe am ehesten überwältigt, ist offiziell gar keine, aber man sollte sie unbedingt besuchen. Schilder warnen vor dem Betreten des Geländes, aber auch vom Weg aus kann man die gigantischen Betonmauern gut sehen. Der Fliegerbunker

---

Hin & weg: Am besten mit dem Auto zu erreichen. Parkplatz bei der Kartbahn Ampfing. Alternativ Parkplatz Mühldorfer Hart gegenüber der Daimlerstraße in Waldkraiburg oder Parkplatz-Wegweiser auf der St 2091 zwischen Waldkraiburg und Ampfing beachten. (Von dort ca. 10 Min. zu Fuß zur Station Massengrab und dort in die Runde einsteigen.)

Beste Zeit: Zwischen Herbst und Winter.

Dauer & Strecke: 2,5 Std. reine Gehzeit für 9,5 km.

Ausrüstung: Warme Kleidung, Taschentücher, bemalte Steine oder eine Blume zum Ablegen.

Noch heute thronen Bäume an diesen Stellen, zum Teil abgeschnitten, zum Teil mit weißen Markierungen, als stille Wächter und Zeugen der Zeit.

war ein unterirdischer Bunker zur Produktion von Flugzeugen, wurde aber nie fertiggestellt. Die Betonwände sind meterdick und konnten weder durch Bomben noch durch Sprengung komplett zerstört werden. Der riesige Bunkerbogen überspannt das Trümmerfeld darunter wie damals, während die Natur sich ihren Platz langsam zurückerobert.

Um das Vergessen zu verhindern, wurden die Stätten im Wald aufgearbeitet und mahnen heute wie morgen: nie wieder!

FAZIT: GESCHICHTSTRÄCHTIGER SPAZIERGANG FÜR WINTERTAGE, SENSIBEL AUFBEREITET UND SEHR BEEINDRUCKEND.

HÜGELGRÄBER UND HEXENFÖHRE

… am mystischen Hampersberg

#36

Erharting hat jede Menge schaurig schöner Geschichten zu erzählen. Auf die Spuren der Vorfahren kann man sich bei einem frostigen Winterspaziergang begeben. Los geht es an der St. Ulrich-Kirche auf der Hügelkuppe.

Vor dem Abriss gerettet hat die kleine Kirche 1905 eine Bürgschaft der Erhartinger Kirchengemeinde.

Einsam und verlassen steht sie da, mitten auf einer Lichtung im Wald – die St. Ulrich-Kirche am Hampersberg. Am zugehörigen Parkplatz kann man das Auto abstellen. Bevor die Winterwanderung beginnt, ist es ratsam, sich die gut aufbereiteten Infotafeln im Vorgarten der Kirche durchzulesen. Sie erzählen von der Geschichte des Berges und seines Kirchleins, auf dessen Spuren der Waldweg nun führt.

Einst gehörte ein stattlicher Bauernhof mit stolzen 20 Hektar Feldern und Wiesen zur Kirche. Sie war damals ein beliebter Marienwallfahrtsort, der großen Wohlstand einherbrachte. 1900 starb die Familie Hampersberger aus und es kam zum Verkauf des Anwesens mitsamt Kirche. Die Hofstatt wurde abgebrochen, Wiesen und Felder aufgeforstet. Der Abriss der Kirche konnte nur durch das Engagement der Erhartinger Bürger und des Pfarramtes während der Renovierungsarbeiten verhindert werden.

Der Rundweg gleicht einer liegenden Acht. Überquert man nach der ersten Hälfte durch den Wald die Hauptstraße, führt diese bergab

ins Hermansthal. Am Pferdehof angekommen, führt der Weg linker Hand ein Stück weiter entlang der Straße und schließlich in den Wald. Auf Trampelpfaden geht es über Stock und über Stein immer weiter tief hinein. Bloß nicht den Weg aus den Augen verlieren.

Ein Stück weiter haben Kelten und Germanen einst Hügelgräber errichtet, sieben an der Zahl. Unweit der Gräber stand eine »Hexenföhre« (eine sagenumwobene Kiefer). Noch vor 150 Jahren sollen hier Bräuche heidnischen Ursprungs stattgefunden haben. Holzknechte haben früher Kerben in den Stamm geschlagen, um die Föhre gefahrlos passieren zu können, so sagt man (www.verein-fuer-brauchtumspflege-erharting.de). Zu sehen ist von der Hexenföhre beim Spaziergang jedoch weit und breit nichts mehr. An ihrer Statt wächst heute nur noch Gras. Man erzählt sich, dass dennoch spürbar ist, wo der Baum einst stand. Na? Läuft der Schauer schon den Rücken hinab?

Zum Glück kommt nach einiger Zeit die Forststraße wieder in Sichtweite. Jetzt aber schnell zurück zum Auto. Der Magen knurrt, die Beine sind durchgefroren, die Mütze voller Schnee. Was gibt es da Besseres als einen abschließenden Besuch der Erhartinger Bergweihnacht am Sommerkeller (jährlich

---

Hin & weg: Wanderparkplatz an der Kirche St. Ulrich, Hampersberg, Erharting.

Beste Zeit: Schneebedeckte Wintertage.

Dauer & Strecke: 2 Std. für 5 km, länger für alle, die im Wirtshaus einkehren.

Ausrüstung: Winterstiefel und dicke Handschuhe.

Im Winterwald am Hampersberg scheinen zahlreiche Mythen und Legenden real zu sein.

am Wochenende vor Beginn der Adventszeit, www.sommerkeller-erharting.bayern) auf eine Tasse Glühwein, oder des Landgasthofs Pauliwirt (www.pauliwirt.mediapool-muc.de) mit seinen kuscheligen Bewohnern rund um das Haus?

FAZIT: NICHT NUR IM WINTER LÄUFT EINEM HIER DER EIN ODER ANDERE SCHAUER ÜBER DEN RÜCKEN.

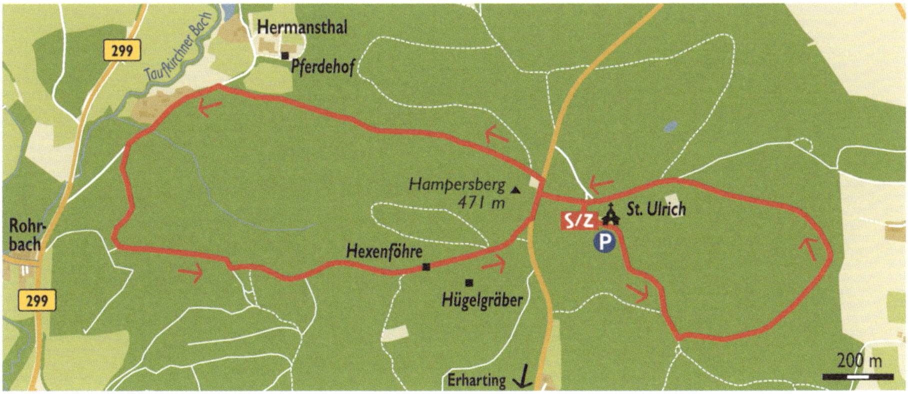

DIE NATUR ATMEN

... im Gallenbachtal

#37

Kaum ein Geruch ist mit dem Winter und der wunderbaren Zeit um Weihnachten herum so eng verbunden wie der von Nadelbäumen. Noch dazu tut er gut, vor allem der Seele. Wenn man weiß, wie, kann man seine Essenz sogar schon vor der stillen Zeit haltbar machen: in duftender Fichtenharzsalbe.

#denWaldatmen #nurdasBeste #wissenwosherkommt #tutgut

Frische Tannenzweige duften einfach herrlich!

Der alte Bauernhof im Gallenbachtal sieht genauso aus, wie man sich das vorstellt: ein schöner Dreiseithof mit Hühnern und Hund, mit Beeten und Töpfen. Gut, dass die Wanderung durch die umliegenden Wälder dort startet. Da fühlt man die Ursprünglichkeit, die einen umgibt. Durch den kleinen Ort Taufkirchen erreicht man schließlich den Waldrand und taucht ein in die Bäume, die hier dicht an dicht stehen.

Der Forstweg führt direkt hinein in den schönsten Nadelwald. Fichten, Lärchen und Douglasien schauen dem Wanderer entgegen und alles duftet nadelig-frisch. An einigen Stellen wachsen junge Anpflanzungen nach. Wenn man an den Nadeln der unterschiedlichen Bäume ein bisschen mit dem Finger reibt, merkt man, dass längst nicht alle gleich riechen. Die Tanne hat einen feinen Orangen-Duft, die Fichte das bekannte beruhigend süße Waldaroma und die Douglasie riecht nach Zitrone.

Wer weiß, in welchem Wald er sich befindet, darf sogar pflücken. Im Privatwald gilt: Finger weg! Im staatlichen Wald gilt: Man darf ungefähr so viel pflücken, wie man selbst ver-

braucht. Und am besten pflückt man ohnehin nur da, wo man weiß, dass die Bäume nicht mit chemischen Mitteln behandelt wurden. Oder man nimmt, was der Wind heruntergebrochen hat. Wenn man Glück hat, findet man einen schönen Fichtenzweig mit grünen Zapfen. Diese enthalten viel gesundes Harz. Unbedingt mitnehmen und später weiterverarbeiten.

Wieder aus dem Wald heraus kommt man durch den Dutzend-Häuser-Ort Hundberg.

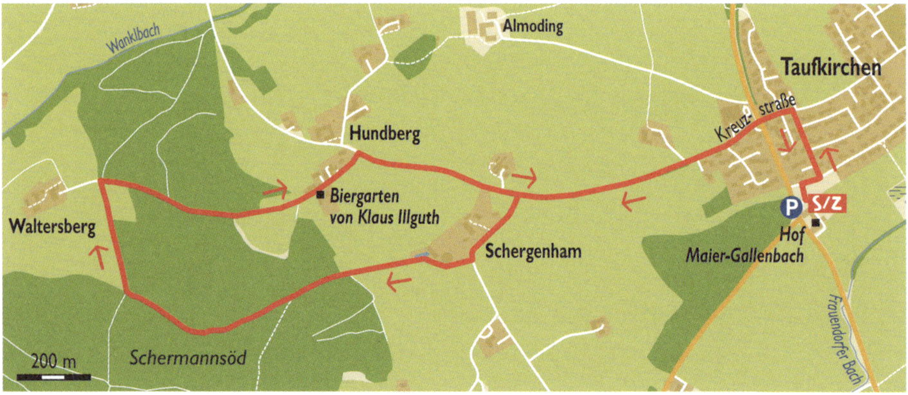

Altbewährte Lebensmittel: In Gallenbach legt man Wert auf die Kultivierung traditioneller Getreidesorten, Kräuter und Baumarten.

Da gibt's kaum was Aufregendes außer Klaus Illguth. Der ist Biersommelier und betreibt im Sommer einen wunderbaren Biergarten auf der Wiese mit seinen feinen Bio-Bieren. Im Winter muss man auf die Bierleckereien leider verzichten, die gibt's dann nur im Rahmen von Verkostungen und Seminaren (www.brassatore.jimdofree.com).

Den Zweig im Gepäck spaziert man das letzte Stück zurück nach Gallenbach.

Zu Hause geht's erst richtig los: Eine Handvoll Nadeln gießt man mit Honig und heißem Wasser zu einem Tee auf, der einen wärmt, während man weiterarbeitet. Die Zapfen werden abgeschabt. Am besten nimmt man einen, an dem das Harz sichtbar runtergetropft ist. Zusammen mit ein paar Nadeln hackt man ihn klein und kocht ihn mit Bio-Olivenöl auf. Nach etwa 45 Minuten leichtem Simmern darf der Sud über Nacht ruhen, um wirklich alle guten Inhaltsstoffe auszuziehen.

Am nächsten Tag kann man den Sud abseihen und mit Kokosöl und Bienenwachs erwärmen, bis sich alles mischen und sauber in Gläschen abfüllen lässt. Wer sich nicht zutraut, den richtigen Baum zu finden oder selbst Naturzutaten weiterzuverarbeiten, dem helfen Claudia und Hilarius gern, die Wirtsleut von Gallenbach (zu den Kursen geht's hier: www.maier-gallenbach.de).

Und wenn man am Schreibtisch mal Sehnsucht nach dem Wald hat: einfach in die Tasche greifen, Gläschen aufmachen und tief einatmen. Die Salbe ist gut für raue Hände und man kann sie zum Inhalieren verwenden, wenn man die Nase mal so richtig voll hat.

Hin & weg: Mit dem Auto zum Hof Maier-Gallenbach, Gallenbachstraße 31, Taufkirchen.

Beste Zeit: Im Herbst.

Dauer & Strecke: 1,5 Std. für 5,2 km, mit sommerlicher Biergartenpause 4 Std.

Ausrüstung: Pflanzenschere, Korb, Botanikführer.

FAZIT: KLEINE WANDERUNG DURCH DIE SCHÖNE NATUR FÜR BAUMSCHMUSER UND ZAPFENVERLIEBTE.

SCHWARZ, WEIß, GOLD

... auf dem Winterberg in Aschau am Inn

#38

Man könnte meinen, dass man im Voralpenland gar keine richtigen Berge findet, auf die es sich lohnt zu wandern – weit gefehlt! Die kleine Wanderung auf den Winterberg ist gar nicht so ohne, aber kurz genug für alle. Oben findet man Ruhe, unten den gemütlichen Moyerhof zum Aufwärmen.

Der Winterwald gibt immer wieder den Ausblick auf das Inntal frei. Zur Belohnung kehrt man am Ende gemütlich ein.

Als unscheinbares bayerisches Dorf kommt Aschau am Inn daher, mit Rathaus und Wirtshaus und Schulhaus, alles um einen Platz herum. Aber dahinter verbirgt sich Großes! Der Winterberg heißt nicht nur so, sondern ist auch ein wunderbarer Ort für eine kleine Winterwanderung, die einen ganz schön fordert.

Der Winterberger Weg ist als Kreuzweg ausgestaltet und führt gleich stramm durch den verzauberten Winterwald bergan. Die ver-

Hin & weg: Mit dem Bus, z. B. von Waldkraiburg, bis zur Bushaltestelle am Rathaus; Parkplatz am Moyerhof.

Beste Zeit: Im Winter vor Weihnachten.

Dauer & Strecke: 1,5 Std. für 5,5 km und 140 hm.

Ausrüstung: Rutschfeste wasserdichte Schuhe, Schal, Mütze, Handschuhe, Tierspurenbestimmungsbuch.

Am Ende der Wanderung wartet der Aschauer Geschichtsweg, wo man auf den Spuren der Vergangenheit wandern kann.

schneiten Bäume verschlucken alle Geräusche und hier und da kann man Tierspuren im frischen Schnee folgen. Weil Rinnsale über den Weg laufen, muss man aufpassen, es kann glatt sein.

Wenn man höher kommt, erhascht man bei klarer Sicht auf der südöstlichen Seite immer wieder Blicke ins Tal. Der Inn schiebt sich träge durch die weiß-graue Landschaft. Erst an der Kuppe lichtet sich der Wald und man tritt schließlich zwischen den Bäumen heraus. Und staunt! Ein hübscher Hof mit einer ziemlich großen, golden leuchtenden Kirche davor schaut zurück und lädt ein: Komm rein, wärm dich auf! Die Corpus Christi-Kirche wird von der kleinen Winterbergkapelle flankiert. An ihr vorbei gelangt man in den Innenraum des Gebäudes, der immer noch für Gottesdienste genutzt wird. Hier darf man eine Weile der Stille lauschen.

Die Hoffnung, doch noch die schönste Aussicht ins Inntal zu finden, treibt einen zurück auf den Weg. Von ganz oben geht man ein Stück auf die Wiese, das ist nicht schlecht. Sogar den Inn sieht man von hier, weil die Bäume den Blick durchlassen. Man überschaut ein kleines Dorf am Innufer, Fraham, und weiter hinten zeigt der Turm der Schlosskapelle von Jettenbach auf.

Weiter geht's, wieder in den tief verschneiten Winterwald hinein. Manchmal wird es ein bisschen abenteuerlich, denn die Schneelast kann Äste und ganze Bäume abbrechen, die dann am Weg liegen. Ein schmales Kieswegerl führt zwischen zwei Kuhweiden steil hinab zurück ins Dorf. Wer es jetzt ganz urig mag, kehrt im Bräustüberl der Brauerei Ametsbichler (www.ametsbichler.de) ein, dessen Mauern schon vor 1411 datieren. Dort werden sogar reine Bio-Biere gebraut. Wer noch glitzernde Weihnachtsdeko und andere wunderbare Kleinigkeiten sucht, ist im Moyerhof (www.moyerhof.de) richtig. Im Café lässt es sich auch richtig gut aufwärmen.

FAZIT: FAMILIENTAUGLICHE WANDERUNG, DIE EIN BISSCHEN FORDERT, SICH ABER LOHNT UND MIT GEMÜTLICHEM AUSKLANG AUFWARTET.

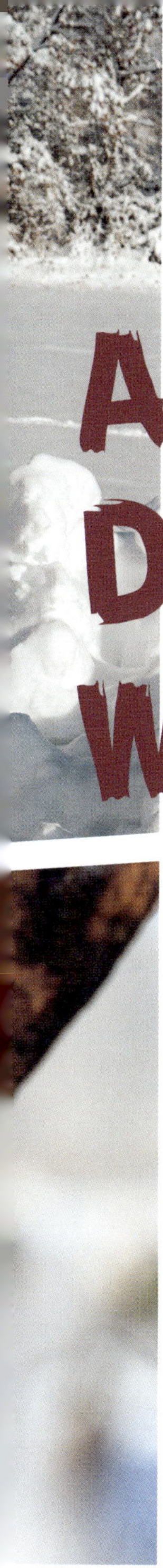

AUF KUFEN DURCHS WINTERDORF

… rund um Emmerting

#39

Wenn der Schnee glitzert, ab in die Schneeanzüge und losgezogen, das ist buchstäblich gemeint. Der nächste Schlittenberg ist nie weit, und kann man ihn mit einem kleinen Spaziergang durchs verschneite Dorf verbinden, umso besser.

#Scheehängehinunterjagen #kaltkaltkalt #soeinSpaß #imSchneeuntergehen

Richtig hoher Pulverschnee ist am schönsten, wenn man mit dem Schlitten drübersaust.

Emmerting ist eines von den Dörfern, die schon lange vor den größeren Städten in der Region existiert haben (mit der Ausnahme von Ötting, damals noch eins) - nämlich seit mindestens 815 - und die seither gefühlt kaum gewachsen sind.

Heute noch gibt es eine Kirche, eine Grundschule sowie jede Menge Bauernhöfe und Natur außen rum. Wenn es so richtig geschneit hat, ist Emmerting darum ein ganz wunderbarer Ort für einen Winterspaziergang, am besten mit Fotoapparat. Alte Bauernhäuser mit ganz viel Holz und neuere, schmucke Siedlungen bieten eine Menge Material.

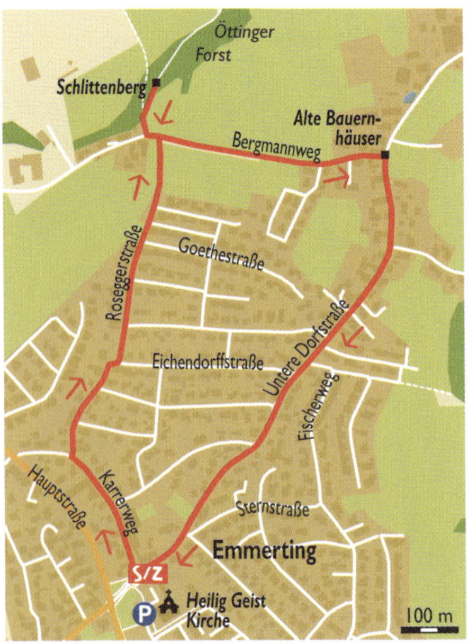

Wer Kinder dabeihat, sollte unbedingt am Schlittenberg Halt machen. Der ist außerhalb der Siedlung am Waldrand, abseits von großen Straßen und leicht zu erreichen, eine großartige Kulisse, um die Schneehänge hinunterzujagen. Da tut der alte Holzschlitten genauso seinen Dienst wie die modernen Plastik-Pancakes mit Knüppel. Bei hohem Schnee bleibt man mit ihnen allerdings leichter stecken, während der Holzschlitten schneidig durchgeht.

Haben alle genug vom Kullern durch den Schnee, macht man sich auf den Rückweg durchs Dorf, vorbei an Bauernhöfen, die mit

Die alten Bauernhäuser an der Unteren Dorfstraße sind wie ein Freilichtmuseum, wenn man die Augen aufmacht und auf die Details achtet.

alten Holzschindeln und noch älterem Gebälk verkleidet sind. Aus dem 17. bis 19. Jahrhundert stammen die alten Häuser an der Unteren Dorfstraße. Wenn in der Kartoffelkiste vom Forstlehnerhof noch was drin ist, kann man leckere Kartoffeln direkt mitnehmen. Fotoapparat bereithalten, denn gerade im Winter gibt es so einiges an pittoresken Details, die sich wunderbar ablichten lassen.

Die Pfarrkirche ist zwar so gar nicht dörflichalt, aber trotzdem beeindruckend. Der kubische Betonbau mit Wänden aus Ziegeln von 1965 scheint im Dorf ein wenig aus dem Konzept gefallen. Zurück im Zentrum kann man sich zum Abschluss in der lokalen Bäckerei aufwärmen, wo es noch echte handgemachte Backwaren zu kaufen gibt (www.baeckerei-bruckmeier.de).

FAZIT: WINTERSPAZIERGANG AM SCHLITTENBERG – DER PERFEKTE AUSFLUG FÜR GROß UND KLEIN.

Hin & weg: Parkplatz bei der Heilig Geist-Kirche, Untere Dorfstraße 6.

Beste Zeit: Im Winter, wenn es richtig geschneit hat.

Dauer & Strecke: 0,5 Std. für 2,5 km, mit Schlitten leicht 1 Std. plus Pause.

Ausrüstung: Schlitten, Wechselklamotten, Fotoapparat.

LANG-LAUFEN MIT ALPEN-BLICK

... über Burghauser Wiesen und Felder

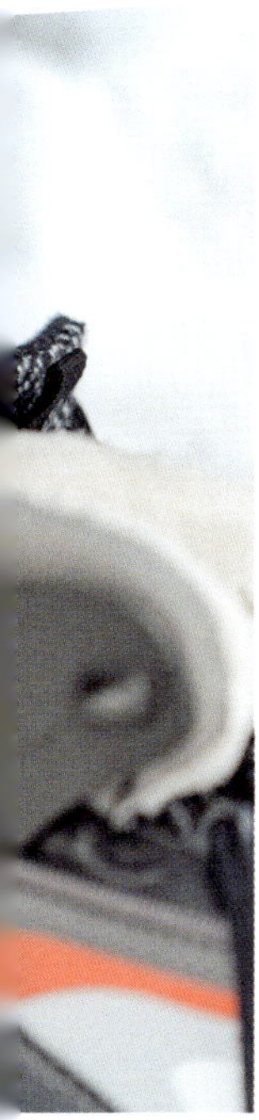

#40

Auch in der Inn-Salzach-Region können die beliebten Bretter unter die Füße geschnallt werden, sobald die ersten Schneeflocken eine weiße Decke bilden. Eine anfängerfreundliche Loipe findet man am Waldpark in Lindach. Wenn es die Wetterfee gut meint, skatet man sogar mit Bergpanorama.

Die ersten Schneeflocken tanzen vor dem Fenster, im Kamin prasselt und knistert das Feuer. Wenn es in der warmen Stube winterlich gemütlich wird, dann beginnen die Loipen-Beauftragten in der Region ihre Spuren über die gezuckerten Wiesen und Felder zu ziehen.

In der Burghauser Neustadt kann man sowohl eine kleine als auch eine große Runde langlaufen oder skaten. Zwischen der Berghamer Straße und dem Steinbeißweg kommen Langlauf-Newbees voll auf ihre Kosten. Die Routen eignen sich wunderbar, um sich an der klassischen Wintersportart weiter zu versuchen und die anderthalb Kilometer zum Herantasten so lange zu meistern, bis man sich auch an die große Runde herantraut. Diese führt mit circa drei Kilometern nach Bergham.

Nicht so einfach, wie es aussieht, oder? Nur nicht aufgeben. Langlaufen ist technisch anspruchsvoll, aber wer Arme und Beine harmonisch koordiniert, kann sich in Burghausen hervorragend an der Perfektionierung des Diagonalschritts austoben. Die Spur führt immer auf der Ebene dahin. Steigungen gibt es hier keine.

Hin & weg: Motorikpark in der Berghamer Straße, Burghausen.

Beste Zeit: Sobald der erste Schnee liegt und gespurt wurde.

Dauer & Strecke: Ab 1 Std., bis der Drehwurm kommt. Die kurze Runde: 1,5 km, oder die lange Route: 3,2 km.

Ausrüstung: Langlaufski und -schuhe, gute Stöcke, Thermoskanne mit Tee.

Die Loipen um Burghausen werden gespurt, sobald genug Schnee liegt. Gut für Anfänger geeignet.

Sehr praktisch ist die Parksituation direkt am Loipenrand. Also nichts wie raus aus den Stiefeln, rein in die Langlaufschuhe und dann heißt es »Ski Heil«. Mit den Brettern unter den Füßen führen die ersten holprigen Versuche Richtung Motorikpark. Na? Diese beiden Kurven erfolgreich gemeistert? Wunderbar, dann geht es nun vorbei an den knorrigen Streuobstwiesen, deren verschneite Äste im warmen Wintersonnenlicht magisch glitzern.

Der Waldrand begleitet die Loipe, bis ihn das offene Feld und die angezuckerten Heuballen ablösen. In der Ferne liegen Höfe idyllisch verstreut in der Landschaft und der Blick nach links gibt an klaren und föhnigen Tagen den Blick auf die Bergkulisse frei.

Nach der Straßenpassage geht es weiter geradeaus und anschließend in großer Runde im Oval zurück, immer auf den Waldkindergarten zu. Wer will, kann die Runde natürlich so oft wiederholen, bis die »Wadeln so richtig brennan«.

FAZIT: WER SICH AUF DEN BRETTERN SICHER FÜHLT, KANN AUCH DIE LÄNGEREN LOIPEN IN DER REGION AUSTESTEN.

3. KAPITEL MINIURLAUB

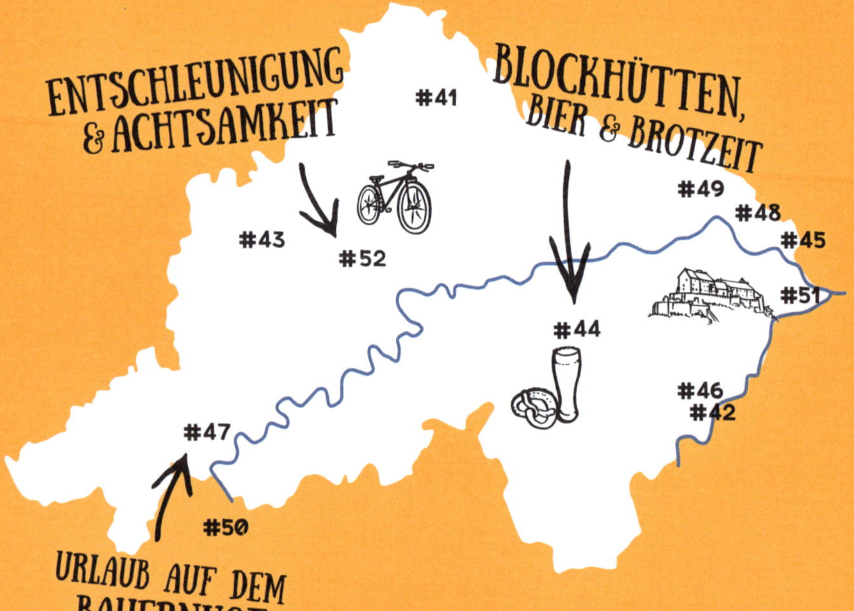

Ferien für ein Wochenende

Noch nicht genug Inn-Salzach? Vorschläge, für außergewöhnliche Wochenenden in der Region, die auf Trab halten oder bayerische Gemütlichkeit versprechen.

36H

WOLFGANG UND DER WALD

… von Neumarkt-St. Veit nach Österreich

#41

Nach dem heiligen Wolfgang benannt ist das gleichnamige Ziel des Pilgerweges, der Wolfgangsee. Die Etappen 6 und 7 führen mit gut 47 von 324 Kilometern durch die Inn-Salzach-Region.

#Wunderwald #Pilgerwege #weltlängsteBurg #Wanderlust #Blasenpflaster

Altötting bildet den Mittelpunkt des Wolfgangwegs durch die Region.

Wer am Ursprung des Wolfgangweges mit seiner Pilgerreise begonnen hat, konnte bereits mehr als ein Drittel der Strecke meistern. 324 Kilometer führt die Route über elf Etappen von Regensburg über Landshut durch die Inn-Salzach-Region bis an den Wolfgangsee im Salzkammergut.

Die Inn-Salzach-Etappe startet am Bahnhof Neumarkt-Sankt Veit. Von hier aus geht es über mehrere Anhöhen hinab bis zum Inn. Die Schritte immer Richtung Ziel gelenkt, führt einen das Wanderherz durch Niedertaufkirchen, zu einer Rast beim Huberwirt in Pleiskirchen (www.huber-wirt.de) und weiter über die Engfurter Klause in Töging. (www.engfurt.de/Klausenkirche.html). Auch die kleine Klausenkirche ist ein guter Ort für eine kurze Rast.

Bereits von Weitem lässt sich schließlich der Dom des Inntals in Neuötting erspähen. Jetzt ist es nicht mehr weit bis zur wichtigsten Zwischenstation für all jene, die den gesamten Pilgerweg gehen: Altötting.

Schon die Rompilger durchströmten das Wallfahrerzentrum. Kein Wunder also, dass heute ein großes Netz an Pilgerwegen über Altötting gespannt liegt. Wer beide Etappen der Legende läuft, kann im Hotel zur Post, direkt am berühmten Kapellplatz gelegen, Kräfte für den kommenden Wandertag sammeln.

Hin & weg: Start am Bahnhof Neumarkt-Sankt Veit. Rückreise mit dem Zug ab Bahnhof Burghausen möglich.

Beste Zeit: Im Sommer, wenn der Wald Schatten spendet.

Dauer & Strecke: 2 Tage. Für die 30 km lange Etappe 6 Neumarkt-Sankt Veit bis Altötting sollte man 8 Std. einplanen, für die 17,5 km lange Etappe 7 von Altötting bis Hochburg-Ach 5 Std.

Ausrüstung: Bequeme, eingelaufene Schuhe und Blasenpflaster.

Wenn es Nacht wird: Die Dachterrasse des Hotels zur Post in Altötting (www.hotelzurpost-altoetting.de) bietet den besten Rundumblick über den Kapellplatz. Eine einmalige Aussicht auf die weltlängste Burg in Burghausen genießt man im Hotel Burgblick im österreichischen Hochburg-Ach (www.altstadthotels.net).

Tag zwei wartet mit gleich drei besonderen Highlights auf, denn knapp ein Drittel der heutigen Tagesetappe führt durch den Öttinger Forst und sorgt spätestens jetzt für die innere Ruhe. Vogelgezwitscher, Blätterrauschen und das Knirschen unter den Fußsohlen bei jedem Schritt über den kiesigen Waldboden laden die inneren Batterien wieder auf.

Highlight Nummer zwei führt nach Burghausen zur weltlängsten Burg und belohnt fleißige Pilgerinnen und Pilger mit zahlreichen, grandiosen Ausblicken über den Stadtplatz, den

Am schönen Wöhrsee in Burghausen kann man auch einen Tag Pause einlegen, bevor man den Wolfgangweg weitergeht.

Grenzfluss Salzach und den unterhalb der historischen Mauern liegenden Wöhrsee.

Den besten Sonnenuntergang und Blick auf die gesamte Burganlage genießt man allerdings auf der österreichischen Seite in Hochburg-Ach, Highlight Nummer drei und Startpunkt für die Etappe des nächsten Tages.

Also schnell im Hotel Burgblick für die zweite Nacht eingecheckt und eine Fußmassage für den folgenden Morgen gebucht, bevor es zum letzten Anstieg des zweiten Tages hinauf zum Aussichtspunkt geht. Oben angelangt, muss man sich nur noch einen Sundowner im Salzachstüberl besorgen, sich damit auf die aufgewärmte Mauer setzen und den rundum gelungenen Tag ausklingen und auf sich wirken lassen.

FAZIT: 47 KILOMETER INSGESAMT, DAVON FÜNF KILOMETER NUR DURCH DEN WALD. 8000 SCHRITTE ZU SICH SELBST.

IL DOLCE FAR NIENTE

... in den Inn-Salzach-Städten

#42

Pastellfarbene Häuserfronten, verzierte Giebel, geschwungene Bogengänge. Dicht aneinandergereiht bilden die Altstadthäuser das so typische Gesicht der Inn-Salzach-Städte. Mittendrin kann man Cappuccino, Eisbecher und ganz viel »fare niente« erleben.

#ArchitekTour #InnSalzachBaustil #PiazzaFlair #Genießertour

Kleine Details an den Häusern lohnen einen zweiten Blick.

Süßes Nichtstun mit der Sonne im Gesicht, dabei beste Küche genießen, sich auf die schönen Dinge um sich herum besinnen, bewusst über die Marktplätze und durch die kleinen Gassen schlendern.

Das alles sind Gründe, warum mindestens ein Wochenende für diese Radtour eingeplant werden sollte. Los geht es in der Inn-Salzach-Stadt mit der weltlängsten Burg, in Burghausen. Die Altstadt ist ein Paradebeispiel der Inn-Salzach-Bauweise. Dabei bilden mehrere Häuser durch Scheinfassaden vor dem eigentlichen Dach eine durchgezogene Häuserfront. Oftmals aufwendig und detailverliebt verziert, formen die durchweg farbenfrohen Marktstraßen ein geschlossenes Ensemble aus ehemaligen Bürgerhäusern.

Am Mühldorfer Stadtplatz wird es geschäftig – Cafés, Läden und Restaurant laden zum Bummeln ein.

Hinaus aus der ersten Inn-Salzach-Stadt führt der Weg knapp zwanzig Kilometer bis nach Neuötting. Erst mit der Durchfahrt durch den Torbogen wird der Blick auf den in sich geschlossenen Stadtplatz freigegeben. Schwibbögen verbinden die dichtbebauten Gassen und rahmen den Weg zu den Arkaden-Innenhöfen ein. Besonders eindrucksvoll erhalten ist auch die Pfarrkirche St. Nikolaus, der Dom des Inntals.

Weiter geht es über Altötting nach Tüßling. Wasserschloss und Marktplatz bilden ein stimmiges Bauensemble, das komplett unter Denkmalschutz steht. Über Polling führt die Route weiter nach Mühldorf am Inn. Hier wird ebenfalls das reiche Erbe vergangener Tage widergespiegelt. Mehr über das damalige Leben erfahren kann man über die kostenlose GPS-Tour »Ein Hofstaat auf Reisen«, welche ins 16. Jahrhundert entführt (www.inn-salzach.com/entdecker).

Vorbei am Flossinger Badesee und dem Golfclub Schloss Guttenburg ist das Etappenziel Kraiburg am Inn nicht mehr weit. Wohl verdient ist jetzt die Einkehr ins Hardthaus Restaurant (www.hardthaus.de) für ein paar ganz besondere Stunden voller Genuss.

Am nächsten Tag geht es weiter, zunächst zu Fuß und hoch hinaus. Der Floriansteig führt vom Marktplatz auf den Schlossberg, um sich die Inn-Salzach-Bauweise auch einmal von oben ansehen zu können. Über Jettenbach, Au am Inn und Gars am Inn verläuft die Thementour entlang des Inns auf einsamen Wegen durch die dichten Auwälder, Vogelschutzgebiete und blühende Wiesen.

Beeindruckend umfasst der Inn schließlich fast die gesamte Altstadt von Wasserburg, wo man wunderbar den Tag verbummeln und in gemütlichen Cafés das Inn-Salzach-Flair aufsaugen kann. Vom Endpunkt aus ist der Bahnhof Wasserburg in wenigen Minuten erreichbar. Gut eine Stunde später ist man schon wieder zurück am Ausgangspunkt der Tour in Burghausen.

FAZIT: SECHS STÄDTE, EIN BAUSTIL. ALLE EIGEN UND FÜR SICH GANZ BESONDERS.

Hin & weg: Vom Bahnhof Burghausen mit dem Bus zum Stadtplatz, dem Startpunkt der Tour in der Altstadt. Rückreise ab dem Bahnhof Wasserburg (Inn) nach Burghausen möglich.

Beste Zeit: Frühjahr oder Sommer, wenn die Natur genauso pastellfarben erstrahlt wie die Häuserfronten der Altstädte.

Dauer & Strecke: Ein Wochenende. Tagesetappe 1: 51 km, 3,5 Std. reine Fahrzeit; Tagesetappe 2: 36 km, 2,5 Std. reine Fahrzeit. Dazu kommen viele Spaziergänge und mindestens eine Übernachtung.

Ausrüstung: Leichtes Gepäck für die Satteltaschen.

Wenn es Nacht wird: Gasthof Unterbräu in Kraiburg am Inn (www.inn-salzach.com/a-gasthof-unterbraeu).

DIE RUHE GENIEßEN

… im Isental

#43

Ein Wochenende nur mit sich und für sich selbst, sich mal was Gutes tun, draußen barfuß laufen, drinnen Ruhe finden und Körper und Geist wieder aufladen. Ein wunderbarer Ort dafür ist das kleine Paradies rund um den Schafdorner Bach bei Schwindegg.

#Frühlingsgefühle #Entschleunigungspause #AyurvedaTee

Zum Energie tanken ist die sonnendurchflutete Gartenbar genau das Richtige.

Zwischen sanften Hügeln fließt ein kleiner Bach. Vor dem Bauernhaus grasen Kälber auf der Weide. Schafe, Ponys, Alpakas und Katzen lugen an verschiedenen Ecken hervor. Ein Hund bellt aufgeregt durch die Frühlingsstille, die sich über das AmVieh-Theater gelegt hat. Was für ein Ort, um ein Wochenende zurück zu sich selbst zu kommen!

Im Wolpi, einem ehemaligen Zirkuswagen, der liebevoll zum TinyHouse ausgebaut wurde, bezieht man Quartier. Die Lektüre wartet schon im Regal auf Ruhesuchende. Der Blick schweift über Gänseblümchenwiesen. Ein Ort der Stille und gleichzeitig voller Energie – alles lebt, überall sprießen Blumen und Sträucher blühen mit den Obstbäumen um die Wette, die von den ersten Bienen und Hummeln umschwirrt werden.

Mit einem frisch aufgebrühten Ayurveda-Tee setzt man sich auf die Bachterrasse und genießt die ersten warmen Sonnenstrahlen. Wer will, packt die Yogamatte aus und findet die eigene Mitte, bevor er sich auf den »Schafweg« macht. Durch die schöne Hügellandschaft, vorbei an Weihern und Höfen, durch Wälder und Wiesen führt der kurze Spaziergang, und wenn es die Temperatur zulässt, macht man ihn einfach barfuß. Nasse Wiesen, stachelige Wald-

wege, alles kitzelt die Sohlen, es fokussiert einen auf das Hier und Jetzt. Ein kurzer Stopp im Biergarten des Gasthaus Sterneck (www.gasthaus-sterneck.de) lohnt sich für diejenigen, die sich zwischendurch eine echte bayerische Brotzeit oder einen hausgemachten Kuchen gönnen wollen.

Zurück im AmVieh-Theater zieht man sich für eine Weile zurück und schreibt seine Erlebnisse ins Reisetagebuch. Wer ihn gebucht hat, kann sich abends mit einem Ayurveda-Kochkurs bei der Hausherrin verwöhnen und so einen rundum gelungenen Tag ausklingen lassen.

Am nächsten Morgen geht es wieder on Tour. Nur ein ganz kurzes Stück ist Straße, dann geht es in den Wald hinein. Sechs Kilometer sind es bis zum Dorf Buchbach, wo man im Bräuweiherpark ganz entspannt Pause machen kann. Die Enten kommen ganz nah, aber am besten füttert man sie trotzdem nicht. Unter der riesigen alten Weide vor der schimmernden Wasserfläche lässt sich eine Stunde verbummeln, bevor man die Rückreise antritt. Wer will,

---

Hin & weg: Bahnhof Schwindegg, laufen bis zur Bushaltestelle Apotheke Schwindegg, weiter mit dem Bus bis Haltestelle Buchbach-Schafdorn; Rückweg Tour 2: von Bushaltestelle Buchbach Ortsmitte bis Buchbach-Schafdorn.

Beste Zeit: Im Frühjahr, wenn alles blüht und es schon warm ist.

Dauer & Strecke: 1 Std. für barfüßige 3,8 km am ersten Tag, 1,5 Std. für 5,3 km nach Buchbach am zweiten Tag.

Ausrüstung: Yogamatte, Lieblingstee, Reisetagebuch.

Wenn es Nacht wird: Bio-Hotel AmVieh-Theater (www.amvieh-theater.de), entweder in einem der komfortablen Zimmer oder im einzigartigen Wolpi.

Im Wolpi fühlt man sich gleich zu Hause. Yoga macht man aber am schönsten auf der Terrasse am Bach.

dreht noch eine kleine Runde und besucht das Zellbrünnl, eine nahe im Auwald gelegene Wallfahrtskapelle von 1781. Vom gepflegten Buchbacher Marktplatz aus, typisch bayerisch von der Kirche und dem Maibaum überblickt, bringt der Bus einen zurück in den Alltag.

FAZIT: WUNDERBARER ORT FÜR YOGA- UND AYURVEDAFANS, WO MAN SICH GETROST EIN WOCHENENDE EINMIETEN KANN, UM ZUR RUHE ZU KOMMEN.

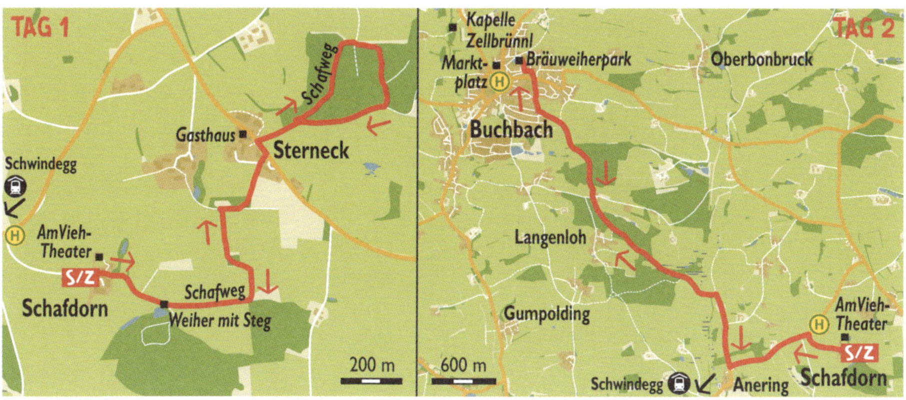

BIERIGES WOCHEN-ENDE

... rund um Kiefering

#44

Ruhe und Gemütlichkeit in einer urigen Blockhütte, umgeben von Ochsen und Frühlingswiesen. In Verbindung mit zwei kleinen Wanderungen in zwei der schönsten Biergärten der Region, ein echt bayerisch bieriges Wochenende.

#Plumpsklo #einfachmalsonnen #Schwarzfahrer

In Kiefering kommt man nur vorbei, wenn man da auch hinwill. Dafür findet man im traditionell bayerischen Gasthof vor Ort einfach noch das wahre Landleben mit den Ochsen auf der Weide, der Sonne über den kleinen Blockhütten und dem Plumpsklo neben der Hecke. Fließendes Wasser gibt's im Gasthaus, aber so hat man das pure Ursprünglichkeits-Feeling. Dafür sind die Blockhütten liebevoll selbst gebaut und individuell eingerichtet, im bayerischen Stil ganz aus Holz.

Nur ein paar Kilometer weiter, durch Wälder und Felder geschlüpft, wartet Bräu im Moos auf Bierliebhaber. Die Brauerei (www.brauerei-braeuimmoos.de) beherbergt neben der Produktion, die man mit einer Führung besichtigen kann, ein kleines Museum und ein großes Rotwildgehege. Echt bayerisch geht es hier immer zu, aber wenn man am ersten Mai vorbeikommt, kann man das volle Programm genießen: Trachtengruppen tanzen, die Blasmusik spielt auf und die Dirndln und Buam stellen den Maibaum auf. Der ist blau-weiß angezogen und mit den Wappen der örtlichen Vereine geschmückt. Ganz schön schwer ist er darüber hinaus und so dauert das Aufstel-

---

Hin & weg: Mit dem Auto nach Kiefering und am Gasthaus parken.

Beste Zeit: Für alle, die ganz viel Tradition erleben wollen, am 1. Mai, oder allgemein im Mai, da ist es auch so schön.

Dauer & Strecke: Wanderung von Kiefering nach Bräu im Moos: 2 Std. für 7,5 km; Wanderung von Kiefering nach Graming 2,5 Std. für 9,4 km.

Ausrüstung: Sitzfleisch, Sonnenhut, Bierdurst.

Wenn es Nacht wird: Das Gasthaus Kiefering (www.gasthaus-kiefering.de) bietet Blockhütten zur Übernachtung oder Stellplätze fürs Wohnmobil an.

Typisch bayerisch: Bier, Braten, Brotzeit - alles in zwei gemütlichen Touren verpackt.

len schnell mal ein paar Stunden, in denen man es sich im Biergarten schmecken lassen kann.

Zurück in Kiefering lässt sich der Sonnenuntergang am schönsten auf der Bank hinter der Hütte genießen, wo die Frühlingswiese duftet und sich Fuchs und Hase gute Nacht sagen.

Wegen der Vielfalt der Bierbrauer in der Region lohnt es sich, am nächsten Tag noch eine weitere Brauerei zu besuchen. In Graming wird bestes Weißbier gebraut und hier haben die Frauen das Sagen (www.graminger-weissbraeu.de). Zwei Schwestern der Brauerfamilie sind Meisterinnen ihres Handwerks in Graming und zeichnen für das süffige unfiltrierte Weißbier, das unter alten Kastanienbäumen ausgeschenkt wird, verantwortlich. Alle zusammen führen den Familienbetrieb. Gleich nebenan ist das Altöttinger Freibad, und auch der Altöttinger Kapellplatz ist nicht mehr weit, aber der Biergarten in Graming lohnt auch so einen Besuch.

FAZIT: GEMÜTLICHES WOCHENENDE MIT ZWEI BRAUEREIAUSFLÜGEN, GENAU DAS RICHTIGE FÜR EINE KLEINE TRADITIONELL BAYERISCHE AUSZEIT.

AUF DEN SPUREN DES WEIßEN GOLDES

… auf dem Salzhandelsweg ab Stammham

#45

Durch kleine Dörfer, historisch bedeutsame Städte, entlang von Dämmen und Wäldern der reizvollen Voralpenlandschaft führt die alte Salzhandelsroute über knapp 100 Kilometer von der Inn-Salzach-Region hinein in die Bayerischen Alpen. Ein Tag in der ehemaligen Salzhandelsstadt Burghausen ist Pflicht!

#Goldrausch #salzigeAngelegenheit #Genussradeln #abindieBerge

Der Reichtums des historischen Burghausen hängt eng mit dem Salzhandel zusammen.

Für Ambitionierte ist diese Radtour ein salziger Tagestrip in die Bayerischen Alpen. Wer jedoch die Highlights der Inn-Salzach-Region nicht verpassen möchte, sollte in den Genussmodus schalten und sich Zeit für die Besonderheiten der Stadt Burghausen nehmen.

»Auffe auf's Radl« geht es in Stammham, genauer gesagt am Innradweg in der gleichnamigen Innstraße. Die frühere Salzhandelsroute von Passau nach Hallein führt auch heute Richtung Süden über die Innbrücke durch das verschlafene Dorf Niedergottsau (www.inn-salzach.com/a-salzhandelsweg).

Acht Kilometer weiter befindet sich der tiefstgelegene Punkt Oberbayerns, der sogenannte Innspitz.

Hier in Haiming mündet die Salzach in den Inn, welcher weiter Richtung Dreiflüssestadt Passau zieht.

Entlang des Damms lohnt es sich, immer mal wieder vom Rad abzusteigen, um die Stillwasser und den Auenwald des Landschaftsschutzgebietes Salzachtal auf sich wirken zu lassen und seine Füße über den Sickergraben ins Wasser zu tauchen.

Augen auf am Innspitz, dann hat man die Chance, seltene Vögel zu sehen.

Gut zwölf Kilometer weiter verabschiedet sich der Damm bei Neuhofen. Es geht vorbei an der Kirche St. Nikolaus, einem zierlichen Tuffquaderbau, und etwa 60 Höhenmeter bergauf, mitten durch das riesige, surreal wirkende Industrieareal, das Teil des Bayerischen Chemiedreiecks ist.

Selbst auf dem Waldweg begleitet einen die Skyline des bedeutenden Industriestandorts, bis man plötzlich in der Stadt Burghausen landet. Der Salzhandelsweg führt geradewegs hinein in das geschäftige Treiben der Marktler Straße, bis man an deren Ende aus drei Optionen wählen kann.

Sportbegeisterte nehmen den geraden Weg über den Ludwigsberg nach unten in die denkmalgeschützte Altstadt. Durstige schieben ihre Räder über Kopfsteinpflaster den Hofberg hinunter in das Altstadtcafé am Salzachufer. Genussmenschen stellen ihre Bikes am Eingang der weltlängsten Burg ab, marschieren die sagenhaften 1051 Meter über die sechs Burghöfe, staunen nicht schlecht und bestellen sich erst dann einen wohlverdienten Durstlöscher.

Die nächsten Besichtigungen führen zu Fuß durch die Flaniermeile »In den Grüben« geradewegs Richtung Eingang des Wöhrsees. Der Besuch des Altarms der Salzach darf auf dieser Themenroute auf keinen Fall fehlen. Unterhalb der weltlängsten Burg ein paar Bahnen zu ziehen macht man auch nicht alle Tage.

Wer das Salzhandelserlebnis bis in die Vollen ausschöpfen will, bucht vor der Radtour eine Plättenfahrt auf der Salzach bei der Burghauser Touristik (www.visit-burghausen.com/oeffentliche-plaettenfahrten). Auf den früheren Salzkähnen wurde im Mittelalter das Weiße Gold aus den Salinen von Hallein bis Burghausen transportiert.

Am Fluss zu Abend essen kann man auf der Terrasse im Strizzi, bevor es zum Übernachten ins Mesnerhaus weitergeht. Für den nächsten Tag warten weitere 78 Kilometer Radstrecke flussaufwärts, hinein in die Berge. Der Radweg verläuft über Tittmoning mit historischem Marktplatz bis nach Laufen. Hier sollte unbedingt ein Blick auf die Länderbrücke hinüber nach Österreich geworfen werden. Weiter geht es hinein ins Voralpenland, bis nach Marzoll. Wer möchte, kann über den Salinenweg weiter bis Hallein radeln.

Die Salzach begleitet die Reisenden auf ihrem Weg wie früher das Salz.

FAZIT: EIN FERNRADWEG MIT GOLDRAUSCH-GARANTIE!

Hin & weg: Geparkt wird in der Innstraße in Stammham. Wer mit dem Zug anreist, startet am Bahnhof in Marktl und radelt die 3 km zum Ausgangspunkt.

Beste Zeit: Zu Beginn der Goldenen Jahreszeit.

Strecke & Dauer: 2 Tage für die 98 km lange Strecke mit 767 hm einplanen. An Tag 1 radelt man 20 km, 1,5 Std. reine Fahrzeit, an Tag 2 sind es 78 km und 5 Std. reine Fahrzeit.

Ausrüstung: Zeit im Gepäck für die Erkundung der Inn-Salzach-Perlen.

Wenn es Nacht wird: Eine besondere Übernachtung bietet das alte Mesnerhaus in Burghausen (www.inn-salzach.com/a-mesnerhaus-burghausen).

AUF ENTDECKER-TOUR

... in der Salzachperle Burghausen

#46

Die weltlängste Burg, pastellfarbene Altstadthäuser, zeitgleich in zwei Ländern stehen, das malerische Salzachtal, ein innerstädtischer Badesee, versteckte Ruheoasen, Panorama-Aussichten, Juwelen des Rokokos und viele weitere Details lassen sich in und um Burghausen an einem Wochenende erkunden.

#Salzachperlen #Grenzenüberschreiten #drentundherent

Die Aussichten auf Burghausen sind spektakulär.

6 Uhr morgens, der Wecker klingelt. Schnell raus aus den Federn, denn die spektakulärste Tageszeit in Burghausen (www.visit-burghausen.com) beginnt. Der Nebel zieht seine Bahnen über der Salzach und umhüllt die Altstadthäuser, bis die ersten Sonnenstrahlen die Mauern der hoch oben thronenden Burganlage in warmes Licht tauchen und die weißen Schleierwolken vertreiben. Den besten Panoramablick erhascht man am Aussichtspunkt im österreichischen Hochburg-Ach. Dort beginnt auch der frühmorgendliche Spaziergang hinauf, hinab und über die Brücke in das Wohnzimmer Burghausens. Der Hofberg führt den frühen Vogel nach oben und durch den Öttinger-Torturm direkt in den fünften Vorhof der 1051 Meter langen Burganlage.

Mühelos kann man hier Stunden verbringen und sich wie eine Burgdame oder ein Ritter höchstpersönlich fühlen. Auf dem Rückweg geht es den Burgsteig hinunter und durch die farbenfrohe Flaniermeile »In den Grüben«. Vorbei am Mautnerschloss ist der Badenach-

mittag am Wöhrsee nicht mehr weit. Mit ein Wenig Glück, sieht man am See einen der seltenen Waldrappe fliegen.

Der nächste Tag verspricht ebenfalls, spannend zu werden, denn die Sonne zeigt sich schon frühmorgens und fordert geradezu auf, sich das Fahrrad zu schnappen und das Salzachtal zu erkunden. Im Bräugartl stibitzt man noch schnell einen Apfel für die Fahrt und folgt dann dem Radweg flussaufwärts immer am Wasser entlang, vorbei an Tuffsteinwän-

Die Radtour an der Salzach bis Raitenhaslach hält so viele kleine Kraftorte bereit, dass man ausreichend Pausen einplanen sollte.

den bis zum Zisterzienserkloster Raitenhaslach. Wieder die Abfahrt Richtung Salzach genommen, wird die Fahrt zwar etwas holpriger, aber nicht weniger schön. Sandbänke laden zum Verweilen ein. Richtig anstrengend wird es dann beim folgenden Anstieg. Gut, dass der Aussichtspunkt Weilhardtsblick gleich zum Verschnaufen einlädt.

Durch weit verstreute Höfe, vorbei an Wiesen und Feldern, spitzen plötzlich die gelben Türme der Wallfahrtskirche Marienberg zwischen dem Mais hervor. Leicht abfallend führt die alte Bahndammstrecke durch einen Mischwald und spendet ein wenig Schatten. Der erneute Anstieg in die Neustadt ist der Hinweis, rechts abzubiegen und weiter bergab Richtung Kunsthaus zu radeln. Das ehemalige Zollhaus erinnert daran, dass man sich der Ländergrenze nähert – und zack, ist sie passiert. Die Salzach ist auf den letzten Kilometern wieder treuer Wegbegleiter.

Linker Hand der geniale Blick auf das Ensemble aus bunten Altstadthäusern und Burganlage, setzen sich die letzten Tritte in die Pedale fast wie von alleine. Belohnt wird die Anstrengung am Ende des Radweges, am Salzachdurchbruch. Die Sandbank vor dem Naturdenkmal ist der ideale Platz, um die kleinen Höhlen im Prallhang zu beobachten und nach Dohlen und Fledermäusen Ausschau zu halten. Ein Bilderbuchmoment für die Erinnerungsschatzkiste.

FAZIT: EIN WOCHENENDE IST EIGENTLICH ZU KURZ, UM ALLE SCHÄTZE DER SALZACHSTADT ZU ERKUNDEN.

Hin & weg: Bahnhof Burghausen.

Beste Zeit: Ganzjährig, besonders spektakulär im Spätsommer.

Strecke & Dauer: Mindestens ein Wochenende inkl. zwei Übernachtungen. Für die 6 km lange Wanderung und für die 23 km lange Radtour sollte man jeweils etwa 1,5 Std. ohne Pausen einplanen.

Ausrüstung: Fahrrad, bequeme Schuhe, leere Speicherkarten

Wenn es Nacht wird: Jugendherberge Burghausen (www.jugendherberge.de/jugendherbergen/burghausen) mit riesigem Außengelände und ums Eck vom Badesee.

LANDLEBEN ATMEN

… zwischen Höfen und Dörfern

#47

Sehen, woher Eier, Milch und Fleisch kommen, erleben, wie Kartoffeln, Getreide und Kräuter wachsen, die Freude der Tiere spüren, wenn sie auf die Weide dürfen. Kaum etwas ist so wertvoll für Kinder wie die Erfahrung, woher unsere Nahrung kommt – und warum sie Wertschätzung verdient.

#Erlebnisbauernhof #mitdenKühenhüpfen #Kräuterwanderung

Ein Wochenende raus aus der Stadt, Fahrräder, Kinder und ein paar Klamotten gepackt und ab ins volle Landleben. Wenn die Sonne über dem Eisgruberhof aufgeht, der Hahn kräht und es aus dem Stall hungrig muht – da sind alle ganz fix auf den Beinen. Nach dem Kühefüttern und Eiersammeln wird das Radl ausgepackt. Ins schöne Inntal bis fast hinunter nach Schnaitsee mit seinem weithin sichtbaren Fernsehturm führt die Tour auf kleinen Sträßchen durch Wälder und Felder. Die Kühe dürfen derweil auf die Weide und freuen sich sichtlich.

Im kleinen Hermannstetten wird Rast gemacht, direkt am Schwesterhof, wo die Schweine auch auf der Weide gehalten werden, jederzeit rein oder raus können, suhlen und die Kleinen bei ihrer Mutter bleiben dürfen (www.biohof-schwingenstein.de). So süß, die Ferkel, und so neugierig! Nach der regionalen Ölmühle in Garting (www.oelmuehle-garting.de) lohnt auch am Berger See ein kurzer Stopp, um die Ruhe zu spüren; er ist aber nicht zum Baden freigegeben. Von dort aus geht es über Neben-

---

Hin & weg: Bahnhof Gars, Bushaltestelle Glasberg/ Hüttenstätt.

Beste Zeit: Im Sommer, wenn noch Getreide auf den Feldern ist und Obst an den Bäumen.

Dauer & Strecke: Die Radtour an Tag 1 dauert 3 Std. für 34,5 km und 470 hm. Für die Wanderung an Tag 2 plant man 1,5 Std. für 5,4 km ein.

Ausrüstung: Korb und Schere für die Kräuterwanderung, Klamotten für die Stallarbeit.

Wenn es Nacht wird: Auf dem Eisgruberhof (www.biohof-eisgruber.de), einem echten Bio-Erlebnishof, geht es den Tieren gut, was der Familie wichtig ist. Für Kinder gibt es zusätzlich Programme wie »Lernen von und mit der Natur« oder »Vom Acker auf den Teller«.

Die Alapakas sind sehr zutraulich, aber füttern darf man sie nur mit Gras.

straßen und abgelegene Wege wieder zurück. Die gemütliche Ferienwohnung, der Garten mit Brunnen und Obstbäumen und die beiden Haushunde machen den Eisgruberhof schnell zum Zuhause auf Zeit.

Am zweiten Tag steht eine Kräuterwanderung auf dem Programm. Der Weg führt gleich hinterm Haus an einer Schafweide vorbei und durch den Urtelgraben zum Rainbach hinunter. Am Wegrand kann man Schafgarbe und Brennnesseln für einen abendlichen Tee sammeln. Seniorchef, Kräuterpädagoge und Haushofmetzger Sepp Eisgruber begleitet Interessierte gern ein Stück und zeigt ihnen, wie man Giersch, Spitzwegerich und Mädesüß erkennt. Über einen schmalen Pfad wandert man nun durch den Sommerwald und an der hübschen St.-Ulrichs-Kapelle vorbei bis zum Ortsteil Grub, wo ein Abstecher zum Alpakahof der Familie Hemetmayr lohnt (www.bayernland-alpakas.de). Die Alpakas sind meist auf der Weide, lassen sich gern streicheln und freuen sich, wenn man ihnen ein paar Grashalme hinüberreicht. Anderes vertragen sie nicht gut.

Ein kleiner Fußweg verläuft hinter dem Hof in den Ort hinunter, wo man sich unbedingt das Kloster Gars mit seiner ausgedehnten Gärtnerei anschauen sollte (www.klostergars.de). Der wunderbare, historisch angelegte Klostergarten ist nur über das Klostercafé zugänglich. Gleich nebenan versteckt sich die barocke Kirche des Ensembles, die man in ihrer Ausstattung und Größe kaum in der kleinen Marktgemeinde erwarten würde. Hinter dem historischen Marktplatz führt der versteckte Grottensteig hinunter zum Inn, der an dieser Stelle majestätisch träge vor sich hinfließt. Von hier aus tritt man den Rückweg an. Wer mehr Wegstrecke zurücklegen will, kann nach Süden in den Innleitenweg abbiegen und den Rundweg bis zur Köngiswarter Eisenbahnbrücke erweitern.

FAZIT: EIN WOCHENENDE BAUERNHOF ERLEBEN. KÜHE, SCHWEINE, HÜHNER, OBST UND GEMÜSE DIREKT VOM HOF – UNBEZAHLBAR!

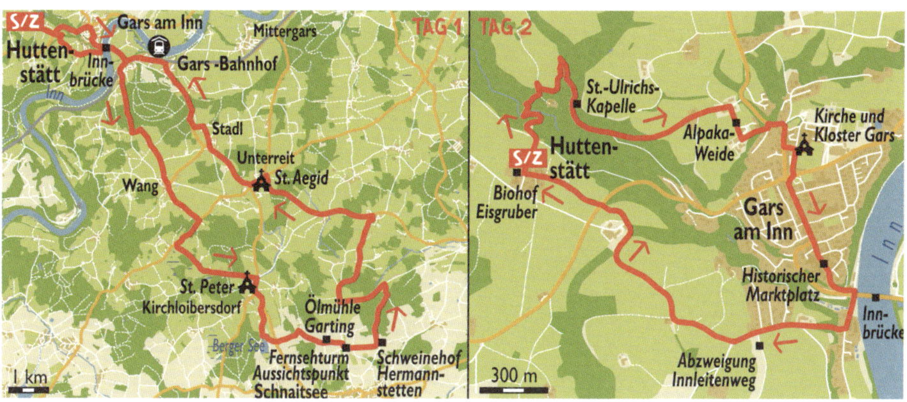

KUSCHELIGES CAMPING-ABENTEUER

... zwischen Innleite und Badeseen

#48

Wenn die ersten Wochenenden des Jahres die 20-Grad-Marke knacken und der Wetterbericht Sonne satt verspricht, schlagen die Camper-Herzen wieder höher. Idyllisch eingebettet zwischen Seen, Golfplätzen, Rad- und Wanderwegen liegt der familiäre Campingplatz am Marktler Badesee.

#Schäfchenzählen #Campingabenteuer #Seeblick #süßesNichtstun

Beim Camping wird es ganz von selbst kuschelig

Das Wochenende steht bevor, der Wetterbericht verkündet die ersten sommerlichen Tage des Jahres und im Terminkalender herrscht gähnende Leere? Dann nichts wie ran ans Steuer und ab ins Grüne! Das erste Rauszeitabenteuer des Jahres verspricht der idyllisch eingenistete Campingplatz am Marktler Badesee.

Genüsslich auf ihren Gräsern kauend, begrüßen einen die niedlichen Schäfchen der Familie Baier schon bei Einfahrt auf das Hofgelände. Gleich neben der Weide, ein frisch gefülltes Kneippbecken. Genau das Richtige, um die steifen Beine nach der Anfahrt zu vertreten.

So früh in der Saison ist der Campingplatz nahezu unbesiedelt. Ideal, denn da fällt die Stellplatzwahl ganz von alleine auf die Parkbucht mit eigener Holzveranda und Blick hinüber zum Badesee. Das i-Tüpfelchen: der wunderschön in Blüte stehende Kirschbaum über den Köpfen und die wild umhersausenden Hummeln und Schmetterlinge.

Herrlich! Es gibt nichts Schöneres als das Wochenende entspannt und mit der ersten im Freien aufgebrühten Tasse Kaffee in der Hand einzuläuten. Das Holzbänkchen fordert geradezu dazu auf, die Beine auszustrecken und

die Sonnenstrahlen auf der Nasenspitze tanzen zu lassen. Neugierig muss dann natürlich auch die Gegend erkundet werden.

Ein Blick in die Wanderkarte verrät, dass gleich zwei Badeseen ums Eck zum Schwimmen und Stand-up-Paddeln einladen. Es gibt aber auch einen Imkerlehrpfad unweit vom Campingplatz. Wohin also zuerst? Ene, Mene, Muh und ...

Hin & weg: Mit dem Zelt, Camper oder Wohnmobil direkt zum Campingplatz am Marktler Badesee, Queng 3, Marktl.

Beste Zeit: In der Vorsaison, wenn die ersten Obstbäume zu blühen beginnen und man noch freie Platzwahl hat.

Dauer: Mindestens ein Wochenende.

Ausrüstung: Laufschuhe, SUP, Badesachen, Bücher, Spiele, Yogamatte.

Wenn es Nacht wird: Hat man seinen Platz auf dem Campingplatz am Marktler Badesee (www.campingplatz-marktl.de) bereits bezogen.

Geschäftiges Treiben herrscht am Lehrbienenstand inmitten der Streuobstwiese am Marktler Ortsausgang. Inmitten der wunderschönen Wildblumenwiese informiert eine Unterrichtstafel über Bienchen und Blümchen. Zurück zum Spielenachmittag mit anschließendem Grillabend spaziert es sich entlang der Innleite, dem ersten Naturschutzgebiet des Landkreises Altötting, besonders romantisch. Auf der einen Seite Gewässer, auf der anderen wilde Natur.

Der darauffolgende Tag wird ganz entspannt. Nach dem Ausschlafen verleitet die Holzterrasse dazu, die Yogamatte auszurollen und mit ein paar dehnenden und kräftigenden Be-

Am Badesee kann man einfach mal die Seele baumeln und die Ruhe auf sich wirken lassen. Geschäftiges Treiben herrscht dafür am Lehrbienenstand der Marktler Streuobstwiese.

wegungen in den neuen Tag zu starten. Nach dem ausgiebigen Frühstück wird der restliche Tag ganz gemütlich am gegenüberliegenden Marktler Badesee (www.inn-salzach.com/badesee-marktl) verbracht. Ein kleiner Spaziergang einmal herum, um das schlechte Gewissen gar nicht erst aufkommen zu lassen, und schon darf gefaulenzt, gelesen und genossen werden. Abends kann mit dem Fahrrad noch ein wenig die weitläufigere Gegend erkundet werden.

Mutige können vor Abreise am Sonntag noch eine Runde Stand-up-Paddeln am benachbarten Peracher Badesee starten (www.inn-salzach.com/badesee-perach). Das Wasser hat zu dieser Jahreszeit erfrischende siebzehn Grad. Hellwach für die Rückfahrt ist man nach der Sporteinheit, mit oder ohne unfreiwilligen Sturz ins kühle Nass, also ganz bestimmt.

FAZIT: EIGENTLICH WILL MAN HIER GAR NICHT MEHR WEG, SO ENTSCHLEUNIGT DIE TRAUMHAFTE SEENLANDSCHAFT.

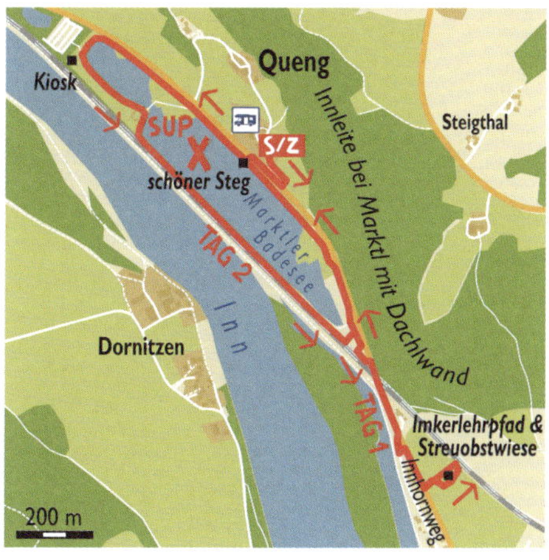

JAKOBS-WEG ZU SICH SELBST

… von Erlbach nach Feichten an der Alz

#49

Mit gut vierzig Kilometern Wegstrecke führt der Jakobsweg Böhmen–Bayern–Tirol auch durch die Inn-Salzach-Region. Von Erlbach aus über das Wallfahrtszentrum Altötting bis nach Feichten wird es dem Pilgerherz hier an nichts fehlen.

#Pilgerglück #Traumschmiede #überStockundStein

St. Erasmus in Wald an der Alz gehört zum Schloss Wald, das in Privatbesitz ist.

Wenn die Morgenröte die Wiesen in ein orange-rotes Licht taucht, die Vögel zu zwitschern beginnen und die Welt langsam erwacht, haben Pilgerinnen und Pilger oftmals schon einige Kilometer Fußmarsch zurückgelegt. In der kleinen Gemeinde Erlbach beginnt die Tagesetappe. Bereits beim Kirchlein St. Leonhard lassen sich die ersten Jakobsmuscheln des Weges entdecken. Die Ruhe langsam verlassend, steuert der Weg auf die Gemeinde Reischach zu. Gut fünf Kilometer geht es nun entlang der Hauptstraße, bis man ganz plötzlich am Innufer angelangt ist und wieder in eine Welt aus Frieden und Stille eintaucht.

Flussbegleitend schlängelt sich der Weg bis zur Stadt Neuötting. Am wunderschönen Stadtplatz im Inn-Salzach-Baustil lässt es sich

Die Jakobsmuschel gehört immer dazu beim Pilgern auf dem Jakobsweg.

nun wohlverdient frühstücken. Mit gesammelter Kraft führt die Route danach mitten in das Pilgerherz Altötting. Am weltbekannten Kapellplatz befindet sich auch die Gnadenkapelle (www.gnadenort-altoetting.de/kirchen-kultur/gnadenkapelle). Deren Umgang ist gespickt mit über 1000 Votivtafeln, und im Inneren der Kapelle findet man die berühmte Schwarze Madonna, die unzählige Menschen Jahr für Jahr in die Stadt lockt.

Das geschäftige Treiben löst sich mit jedem Schritt mehr auf, umso weiter es aus Altötting hinausgeht. Immer am Mörnbach entlang, am Wegkreuz von gleich vier Pilgerwegen vorbei, führt die Kiesstraße schließlich zur Wallfahrtskirche Heiligenstatt. Über die Hälfte der Strecke ist nun geschafft. Das Tagesziel ist erreicht, sobald Raspl's Wandertaxi angefunkt wird, denn wer eine Übernachtung im Hotel Traumschmiede bucht, kann auch den Luxus des Shuttle-Services genießen.

Traumhaft geruht und bestens gestärkt, geht es am nächsten Tag weiter durch landwirtschaftlich geprägte Felder, den Garchinger Hart, einmal durch die gleichnamige Stadt hindurch und wieder hinein in das dichte Grün. Bevor man die Stadt vollständig hinter sich lässt, lohnt sich der Aufstieg zum Kirchlein St. Erasmus in Wald an der Alz.

Weiter des Weges zaubern die Alzsteg-Alpakas ein Lächeln auf die Lippen, bevor sich der weite Brunnthaler Graben öffnet und Hungrige schnurstracks zur Einkehr in den Landgasthof Wanghofer lockt (www.landgasthof-wanghofer.de). Bei leckeren bayerischen Schmankerln, frisch vom Familienbetrieb zubereitet, lassen sich die letzten drei Kilometer wie von alleine zurücklegen.

Schon von Weitem erkennt man den Zwiebelturm und die rot-goldene Uhr der Kirche St. Mariä Himmelfahrt in Feichten. Mit festem Griff lässt sich das Tor der Kirche öffnen und empfängt einen mit einem wunderschönen Farbspiel aus bunt tänzelnden Lichtern.

Wer noch Muße hat, kann sich die restlichen 2735 Kilometer der Pilgerstrecke nach Santiago de Compostela vornehmen. Bis zum Ziel sind es dann noch etwa 4,5 Monate. Wer sein Probepilgern beenden möchte, hat ja die Nummer von Raspl's Wandertaxi und kann sich auf eine weitere erholsame Nacht in der Traumschmiede freuen.

An Flüssen und Bächen entlang, über Wiesen und Felder führt der Jakobsweg, auf dem man vieles finden kann, manchmal auch sich selbst.

FAZIT: WER SEINE INNERE RUHE SUCHT, WIRD SIE AUF DIESEM PILGERWEG GANZ BESTIMMT FINDEN.

Hin & weg: Vom Bahnhof Eggenfelden zur Bushaltestelle Büchel, Mitterskirchen; die erste Station in der Region ist Maschberg in Erlbach.

Beste Zeit: Am schönsten bei warmem Herbstlicht.

Dauer & Strecke: 2 Tage für die 40 km und 300 hm. Etappe 1: 7 Std. für 26 km, Etappe 2: 4 Std. für 14 km.

Ausrüstung: Unbedingt leichtes Gepäck, Pilgerstab mit Jakobsmuschel.

Wenn es Nacht wird: Raspl's Traumschmiede (www.hotel-traumschmiede.de) in Unterneukirchen bietet bei Unterkunftsbuchung einen hauseigenen Hol- und Bringservice mit ihrem Wandertaxi.

AUF DEM INNRADWEG

... und den Spuren von Papst Benedikt XVI.

#50

520 Kilometer führt der Innradweg von der Flussquelle zur Mündung, von den Alpen in die Dreiflüssestadt Passau. Mittendrin die Inn-Salzach-Region mit einem besonderen Highlight auf ihrem Tourenabschnitt: den Spuren von Papst Benedikt XVI.

#Benediktweg #Flussradeln #InnSalzachBaustil

Der Inn fließt oft mit einer tiefen Türkisfarbe, die an die Berge erinnert, wo er entspringt.

Die etwa 94 Kilometer lange Etappe durch Inn-Salzach startet kurz vor der Haustür der Region. Auf den Sattel und rein in die Pedale heißt es ab dem wunderschönen Wasserburg am Inn. Für diesen Teil der Route geht es auf der östlichen Seite des Inns entlang. Verkehrsarme Straßen führen durch Wälder, entlang des Flussufers und quer durch das ursprüngliche Bauernland. Über das Triebwerk Jettenbach kann der Inn überquert werden. Das trifft sich gut, denn das ehemalige Wohnhaus der Familie Ratzinger befindet sich in Aschau am Inn und ist somit nur einen Katzensprung vom Innradweg entfernt.

Nun radelt man immer westlich des Inns weiter bis in die ehemalige Handelsstadt Mühldorf. Die Innschifffahrt hat die historische, seilgebundene Treidelfähre Josef III. in der Stadt hinterlassen. Wer hier übernachtet, kann also

nicht nur über den 500 Meter langen Stadtplatz flanieren, die besten Dampfnudeln im Café Eicher (www.konditorei-eicher.de) genießen und vom Nagelschmiedturm auf Stadt und Fluss blicken, sondern auch eine Flussquerung der altmodischen Art als Highlight mitnehmen.

Tags darauf taucht erneut der Innwerkkanal auf der Bildfläche auf. Imposant thront das Wasserschloss in Töging am Inn am Rande des Radweges und leitet das Wasser über 30 Meter lange Rohre tiefer ins Kraftwerk. Ein Stück weiter des Weges mündet die Abzwei-

Das Wasserschloss in Töging ist nicht nur ein Stück Industriegeschichte, sondern auch ein attraktives Bauwerk.

gung wieder in den Fluss. Diesen begleitet der großzügig angelegte Inndamm bis zum Rande der Stadt Neuötting. Hier lohnt sich ein Abstecher über gleich zwei sehenswerte Orte. Zunächst ruft der Dom des Inntals in das Wohnzimmer der Inn-Salzach-Stadt Neuötting. An einem Cappuccino am bunt getünchten Stadtplatz ist hier noch niemand vorbeigekommen, der Kaffee liebt. Wer sich eher der Fraktion »Bier zu mir« verschrieben hat, steuert den ehrwürdigen Kapellplatz in der Nähe an. Inmitten des Kraftortes Altötting lässt sich nicht nur gut Geschichte atmen, sondern auch ein wohlverdientes Radler trinken.

Zurück am Inndamm hat man nun die Qual der Wahl. Welcher Badesee darf's denn sein für den erfrischenden Sprung ins kühle Nass? Perach oder Marktl? Beide Gewässer liegen direkt an der Radstrecke, ideal für eine weitere Rast entlang des Weges. Dieser führt weiter in ein kleines Dorf: Mit der Wahl von Kardinal Joseph Ratzinger zum Papst im Jahr 2005 wurde Marktl schlagartig berühmt. In dem Ort befindet sich das Geburtshaus des emeritierten Papstes Benedikt XVI. (www.papsthaus.eu), der 1927 genau hier das Licht der Welt erblickte. Der Tag endet mit einer Besichtigung des Hauses, anschließend kann man vom Bahnhof zum Ausgangspunkt zurückreisen. Wer aber noch Muße hat, den Innradweg bis zu seinem Ende zu erkunden, strampelt am nächsten Morgen weiter über Stammham und die Inn-Salzach-Region hinaus bis nach Passau.

FAZIT: »DERF'S A BISSAL MEHR SEI?« FLUSSRADELN, SANFTES ALPENVORLAND, INN-SALZACH-STÄDTE SOWIE KIRCHENGESCHICHTE VEREINT AUF EINER STRECKE.

Hin & weg: Bahnhof Wasserburg. Start an der Roten Brücke in Wasserburg. Idealerweise ist man schon am Vortag angereist. Zurück geht's vom Bahnhof Marktl.

Beste Zeit: Sonniges Herbstwochenende.

Dauer & Strecke: 2–3 Tage. 3,5 Std. für 53 km an Tag 1 sowie 2,5 Std. für 41 km an Tag 2. Insgesamt 540 hm.

Ausrüstung: Satteltaschen für das Gepäck und Entdeckerlust.

Wenn es Nacht wird: Altstadthotel Wetzel, bett+bike-Betrieb mit Fahrradgarage (www.altstadthotel-wetzel.de).

DEN TIEREN GANZ NAH

… am Innspitz bei Haiming

#51

Einzigartige Tierbegegnungen sind immer toll für Kinder. Alpakas, Hühner, ein großer Spielplatz und das Erleben von seltenen Vögeln in ihrer ungestörten Umgebung – da flutschen die Gummistiefel wie von selbst an die Füße.

Eine Wanderung mit knuddeligen Alpakas, das ist für Jung und Alt eine lohnende Sache. Schon auf der Weide oder im Stall lässt sich die lustig aussehende kleine Kamelart gern streicheln und mit Gras oder Heu füttern. Spucken tun die Tiere in der Regel nicht, höchstens mal von Artgenosse zu Artgenosse. Weil sie hauptsächlich für die Wollgewinnung gehalten werden, ist ihr Fell einfach unsagbar weich, und man kann wunderbar mit ihnen kuscheln.

Hin & weg: Bahnhof Burghausen, weiter mit dem Bus bis Bushaltestelle Piesing-Haiming.

Beste Zeit: Im Herbst, bei schönem, trockenem Wetter.

Dauer & Strecke: 2 Tage. 1 Std. für die 2 km lange Alpakawanderung. 1,5 Std. für die 6 km lange Runde zum Innspitz.

Ausrüstung: Gummistiefel, Fernglas, Sammelkörbchen, Blätterpresse.

Wenn es Nacht wird: Ferienwohnung auf der Niedergerner Alpaka Ranch (www.niedergerner-alpaka-ranch.de).

Wenn sie ihre Halfter angelegt bekommen haben, geht es los. Kleine Kinder brauchen eine erwachsene Begleitperson, die das Alpaka mitführt, größere Kinder können das allein. Weil die Tiere gern mal die Nase ins saftige Gras stecken, muss man den Strick am Anfang vehement oben behalten, aber sonst ist das Wandern mit Alpakas eine sehr entspannende Angelegenheit. Durch die herbstlichen Wälder und an den gepflegten Rasenflächen des Golfplatzes Schloss Piesing entlang folgt man einsamen Wegen und Forststraßen hinunter. Erst am Pausenplatz, einer schönen Waldlichtung, dürfen Menschen und auch die putzigen Tiere ruhen und sich stärken. Danach geht es in

Tolle Herbsterlebnisse in der Natur ergeben sich in Haiming ganz von selbst.

einem großen Bogen wieder zurück zum Hof, wo man in den Ferienwohnungen auch gut übernachten kann. Bei einer ausgezeichneten Heimatwirtschaft, dem Kellerwirt in Haiming, lässt sich gemütlich zu Abend essen oder man nimmt sich ganz nachhaltig die Gerichte in eigenen Frischhaltedosen mit nach Hause (www.kellerwirt-haiming.com).

Weil der Herbst die Wälder in die leuchtendsten Farben taucht, lohnt ein Ausflug zum Innspitz, einer Vogelfreistätte (www.inn-salzach.com/europareservat-unterer-inn). Der ist am besten außerhalb der Brutsaison der Vögel betretbar, nämlich von Anfang Oktober bis Ende Februar. Genau richtig also für einen Blättersammel-Herbstausflug.

Der Bus bringt einen von der nahegelegenen Bushaltestelle Piesing-Haiming bis in die Ortsmitte, gleich gegenüber von der Kirche, von wo aus es ein Katzensprung bis zum Einstiegspunkt ist. Zunächst durch den Ort, dann über den Damm kommt man an der sogenannten Mastenlacke vorbei, einem Altwasser, das schon hier beeindruckt. Wer leise ist und sein Fernglas nutzt, erspäht vielleicht Schwäne, Blässhühner, Reiher und etliche Entenarten. Mit sehr viel Glück erhascht man außerdem einen Blick auf den seltenen Eisvogel.

Dies ist auch die richtige Jahreszeit, um viele weitere interessante Entdeckungen zu machen, bunte Blätter zu sammeln, Tierspuren zu erkennen, Schnecken zu finden und Pilze zu riechen. Seltene Vogelarten haben hier eines der wenigen Rückzugsgebiete, das ihnen geblieben ist. Mit dem Fernglas kann man sie wunderbar von einem der Aussichtshäuschen auf dem Damm beobachten. Mit reicher Beute geht es dann zurück, um die gesammelten Blätter für eine tolle Urlaubserinnerung in der Presse haltbar zu machen.

FAZIT: HERBSTLICHES FAMILIENWOCHENENDE MIT GANZ VIEL NATUR. FÜR DIE KLEINEREN GIBT ES AUCH EINE KÜRZERE ALPAKA-WANDERROUTE.

INNERE EINKEHR UND STILLE

... im Kloster Zangberg

#52

Ruhe und Besinnung, Zeit für Meditation und Raum für das Alleinsein. Wer sich bewusst Abstand vom Alltag nehmen möchte, der ist bei den Ordensschwestern in Zangberg an der richtigen Adresse. In entspannter Atmosphäre neue Impulse suchen, kann man nirgendwo besser.

#Achtsamkeit #Mediation #Auszeit #Klosterleben #Alleinsein

Von außen wie von innen wirken die Gemäuer inspirierend und entschleunigend zugleich.

Einst als Burg errichtet, wurde das wunderschöne, gelb getünchte Gebäude ab 1684 nach einem Brand als vierflügeliges Schloss um einen Innenhof umgebaut. Heute wird das Gemäuer als Kloster der Schwestern der Heimsuchung Mariä genutzt. Eindrucksvoll thront der Bau mit seinen Parkanlagen auf einer Anhöhe in der kleinen Gemeinde Zangberg.

Mit schnellen Schritten schreitet die Schwester, welche die Gäste empfängt, die barocken Gänge entlang. Vor lauter Staunen über die Ausstattung der prunkvollen Räume ist es gar nicht so leicht, mit ihr Schritt zu halten. Volle Bücherschränke hier, stuckverzierte Decken dort, historische Gemälde an jeder Wand und aus allen Fenstern ein sagenhafter Blick in die Weite der Winterlandschaft. Schöner kann ein Ort zum Ankommen und In-sich-Kehren gar nicht sein.

Fischgrätenmuster zieren die Böden, wunderschöne Teppiche zum Teil die Wände der Speisesäle. Kronleuchter vergolden die Mitte der Räume, und wohin man auch sieht, erzählen uralte, auf Hochglanz polierte Möbel ihre Geschichte. Das Herzstück des Gebäudes ist der barocke Festsaal. Um die Kunstwerke an der Wand alle studieren zu können, bräuchte es alleine einen halben Tag. Ein arkadengesäumter Gang führt hinaus in den klösterlichen Garten. Bedeckt vom glitzernden Schnee,

lässt die Größe und Weite des Geländes nur erahnen, wie schön die Beete hier im Sommer blühen müssen.

Nach Bezug der Zelle – so werden die spartanisch eingerichteten Zimmer im Kloster genannt – lockt die winterliche Morgensonne. Der Nebel hält sich zäh über den eingefrorenen Feldern. Der perfekte Tag, um bei einem Spaziergang wieder auf klare Gedanken zu kommen. Nicht weit vom Kloster entfernt verläuft der Kreuzweg im Isental. Kreuzwege haben in Altbayern eine lange Tradition. Der frühere Leidensweg Jesu wird von Pilgernden heute betend abgeschritten. Die Franziskaner verbreiteten die Kreuzwegandacht mit bildlichen Darstellungen. Solch ausdrucksstarke Stelen findet man auf dem Isental-Kreuzweg an 14 Stationen, vom Ampfinger Steinmetz Ernst Lechner modern interpretiert und aus Juramarmor geschlagen (www.ampfing.de/tourismus-kultur/kreuzweg-im-isental).

Beeindruckt vom Lichtspiel und dem Palmberger Kirchlein St. Peter und Paul, geht es

---

Hin & weg: Vom Bahnhof Ampfing mit dem Bus zur Haltestelle Zangberg, Am Klosterpark.

Beste Zeit: Wenn winterliche Ruhe und Stille einkehren.

Dauer & Strecke: 2 Tage. 2 Std. für die 5 km entlang des Kreuzweges.

Ausrüstung: Yogamatte, Meditationskissen, Reflexionstagebuch.

Wenn es Nacht wird: Natürlich übernachtet man im Kloster Zangberg (www.kloster-zangberg.de). Wann bietet sich schon mal die Möglichkeit, in so historischen Gemäuern zu schlafen?

An allen Ecken lugt die Geschichte des Klosters hervor.

zurück zum Zimmer, um bei einer schönen heißen Tasse Tee die Finger wieder aufzuwärmen und dann mit aller Zeit der Welt den Tag meditativ zu reflektieren. Um vom Alltag weiter Abstand zu gewinnen, verbringt man den zweiten Tag als Stillen Tag im Kloster und genießt die Abgeschiedenheit. Ein paar Stille Tage reichen nicht für die Selbstfindung? Um auch längere Zeit in klösterlicher Gemeinschaft leben zu können, gibt es das Angebot Kloster auf Zeit.

FAZIT: KREUZWEG UND KLÖSTERLICHE STILLE SIND WIE EIN WEG ZURÜCK ZUM EIGENEN KERN, ZU DEM RUHESUCHENDE DIESER BESONDERE KRAFTORT BRINGT.

SONST NOCH WICHTIG

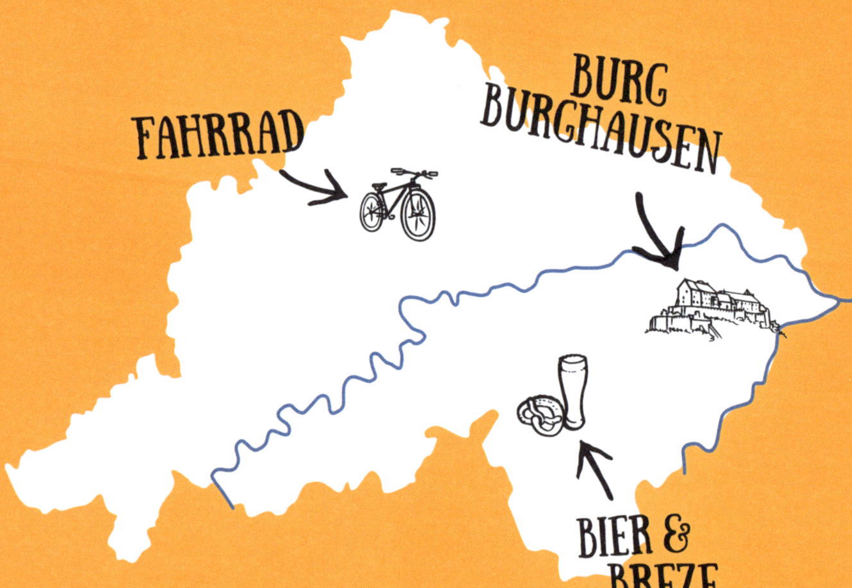

Ein- und Überblick

Karten für den schnellen Überblick, praktische Tipps, mehr über die Autorinnnen sowie ein Ortsregister zum schnellen Nachschlagen gibt es auf den folgenden Seiten.

GPX-Download aufs Smartphone – so geht's

Voraussetzung:
Eine Outdoor-App muss installiert sein, z. B. KOMPASS, Outdooractive oder Komoot. Zum Einlesen des QR-Codes benötigen ältere Android-Geräte eine QR-Code-App. Bei neueren Android- und iOS-Geräten ist diese Funktion in der Kamera integriert.

Daten downloaden:
1. Den QR-Code einlesen oder die Webadresse im Browser eingeben, um auf die Eskapaden-Website zu gelangen.
2. Die gewünschte Tour zum Download anklicken.
3. Bei iOS-Geräten werden die GPX-Daten direkt mit der vorab installierten App verknüpft. Bei Android-Geräten muss ggf. noch ein Weiterleiten-Button geklickt werden (z. B. oben rechts im Display). Manche Apps zeigen den Tourverlauf starr an, andere haben eine Navigationsfunktion dabei.

Tourenverlauf

GPX-Daten zum kostenlosen Download
www.dumontreise.de/eskapaden/inn_salzach

short.travel/8qbyq

Auf den folgenden Seiten: Die Eskapaden der Inn-Salzach-Region in drei Übersichtskarten. Die Ziffern stehen für die Eskapaden-Nummern.

24
41
Neumarkt-Sankt Veit
299
Gerats-kirchen
2
Oberberg-kirchen
Pleiskirchen
36
Isen
299
Erharting
52
Winhöring
Isen
94
94
Isen
Ampfing
33
25
4
Innwerkkanal
Inn
Neuötting
Nieder-heldenstein
35
Inn
Mühldorf am Inn
9
10
Teising
Mühldorfer Hart
Altötting
Wald-kraiburg
Innwerkkanal
Ober-flossing
Heiligenstatt
299
Polling
14
Flossinger See
12
44
Pürten
30
Kiefering
Kastl
3
Kraiburg am Inn
34
27
Ober-neukirchen
Jettenbach
Unterneukirchen
Alz
Alzkanal
Hirten
37
6
Taufkirchen
Garching an der Alz
Hart an der Alz
Wald an der Alz
Engelsberg
32
Wiesmühl an der Alz
Waldhausen
Peterskirchen
Alz
Kirchweidach
Tacherting
Feichten an der Alz
3 km
Emertshausen
299
Tyrlaching
16

Geratskirchen
588
20
Eiberg
49
Arbing
Masch-
berg
Wald bei
Winhöring
Tann
Erlbach
Zeilarn
Reischach
23
Gumpers-
dorf
8
20
48
Winhöring
Eisen-
felden
588
5
Perach
Peracher Badesee
Inn
Marktler Badesee
20
Alz
Marktl
Stammham
94
Neuötting
4
299
12
45
20
20
9
Altötting
DEUTSCH-
LAND
Öttinger
Forst
51
Haiming
Moosen
14
39
299
Klug-
ham
Kastl
1
Emmerting
Salzach
Überackern
Obere Dorfstraße
Alzkanal
Haiminger Straße
17
Mehring
31
Burgkirchener Straße
Burgkirchen
an der Alz
21
42
46
Wöhrsee
Holzen
40
Burghausen
Alzkanal
20
Hirten
6
19
26
Pirach
18
Mittern-
dorf
Hochburg
Spielhof
Halsbach
ÖSTERREICH
Radegunder Straße
Sengstädter Straße
20
3 km
Asten

DAS EISEN SCHWINGEN

... von Golfplatz zu Golfplatz

Extra **#1**

Gleich vier verschiedene Golfplätze empfangen das Ballsportherz in der Region Inn-Salzach. Egal ob blutiger Anfänger oder Vollprofi. Die Golfclubs haben für jeden Geschmack nicht nur den passenden Platz in petto, sondern auch Schnupperkurse für Laien, Camper-Stellplätze und Gastwirtschaften vom Feinsten.

#heißesEisen #Koordinationssport #Schleuderball #250Meter #schönesSpiel

Wenn die ersten Knospen spitzen, ist es auf den Plätzen besonders schön.

Der Winter neigt sich dem Ende zu. Die ersten Frühjahrsblüher spitzen ihre Köpfe aus dem Boden und verzaubern die karge Landschaft in ein buntes Meer aus Farben. Auch die Knospen an den Bäumen erwachen binnen weniger Tage zum Leben und ziehen die ersten Bienen und Hummeln an.

Bienen tummeln sich auch hier, wo man sie nicht vermutet hätte. Mitten am Golfplatz in Pleiskirchen wird hauseigener Honig produziert. An solches Insiderwissen gelangt man, wenn man einen der kostenlosen Golf-Schnupperkurse in der Region Inn-Salzach besucht. Nach so einem kurzen tête-à-tête mit dem Golfschläger hat man als Laie auch endlich eine Ahnung, was sich hinter Begriffen wie Fairway, Par oder Handicap versteckt. Und man bekommt noch etwas mit auf den Weg: Lust auf mehr.

Sich dem Golfsport voller Leidenschaft hinzugeben ist mit gleich vier Plätzen in der Region absolut kein Problem. Jeder Club hier hat seinen ganz eigenen Charakter. Ideal um ein Wochenende Golf-Hopping zu betreiben und von Golfplatz zu Golfplatz zu ziehen. Natürliche Wasser- und Biotopflächen zeichnen

Ganz eigene Regeln gibt es auf Golfplätzen, aber alle sind so offen für Neulinge, dass niemand Berührungsängste haben braucht.

den Goflclub in Kraiburg am Inn aus (www.golfclub-guttenburg.de). Der anspruchsvolle 18-Loch-Platz liegt zu Füßen des gleichnamigen Schloss Guttenburg. Am öffentlichen Academy-Kurzplatz mit 6 Par-3-Bahnen können alle Golfinteressierten und Anfänger ohne jegliche Voraussetzungen das Spielvergnügen beschnuppern.

Der Golfclub Altötting-Burghausen (www.gc-altoetting-burghausen.de) verfügt gleich über zwei Plätze, die sich in herrlicher Landschaft präsentieren. Die 18-Loch-Meisterschaftsanlage am Schloss Piesing in Haiming stellt für jeden Spieler eine echte Herausforderung dar. Im Schatten der Dachlwand liegt die 9-Loch-Anlage Falkenhof in einem Naturpark eingebettet. Begleitet vom Flussrauschen der Alz spielt es sich inmitten der Birkenalleen hier in Marktl besonders schön.

Das Holzland beherbergt die 18-Loch-Golfanlage des Golfclub Pleiskirchen (www.golfclub-pleiskirchen.de). Bergauf, bergab heißt es hier für die Spielenden, die gut und gerne mal zehn Kilometer mit ihrem Equipment auf dem Platz zurücklegen. Kein Wunder also, dass man nur in fröhliche, braungebrannte Gesichter blickt, wenn man sich an seinen ersten Schwüngen versucht. Wer den halben Tag begleitet von so einer Kulisse im Freien verbringt, der kann sicher gar nicht anders, als beste Laune mit nach Hause zu nehmen.

Nicht zu breit stehen, schön um die eigene Achse rotieren, den Schläger locker in der Hand halten und dann zielgerade auf die 250 Meter schlagen. So hätte man das als Anfänger gerne. Natürlich klappt das bei der ers-

---

Hin & weg: Am besten mit dem Auto. Golfclub Schloss Guttenburg e.V., Guttenburg 3, Kraiburg am Inn; Golfclub Altötting-Burghausen e.V.: 18-Loch-Platz Schloss Piesing, Piesing 4, Haiming & 9-Loch-Platz Falkenhof, Falkenhof 1, Marktl; Golfclub Pleiskirchen, Am Golfplatz 1, Pleiskirchen.

Beste Zeit: Ganzjährig bespielbar.

Dauer & Strecke: Für alle Plätze ein langes Wochenende einplanen. Man kann die verschiedenen Plätze auch auf einer Fahrradtour verbinden (55 km, 3,5 Std. reine Fahrtzeit, mit E-Bike schneller).

Ausrüstung: Sportliches Schuhwerk, Poloshirt und Stoffhose.

Wenn es Nacht wird: Gute Ausgangsbasen für das Golf-Wochenende sind sowohl das Hotel Plankl, Schlotthamer Str. 4, Altötting (www.hotel-plankl.de) als auch das Hardthaus Boutique Hotel, Marktplatz 2–3, Kraiburg am Inn (www.hardthaus.com).

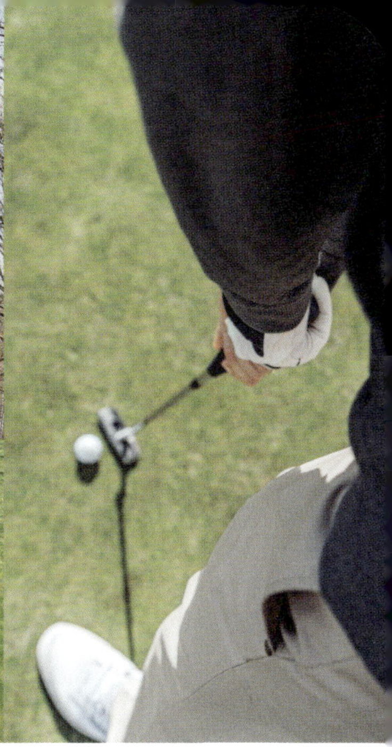

ten Schnupperstunde noch nicht so wie beim Pro, dem Mann für alle Fälle auf den Golfplätzen. Wer jedoch Lust auf mehr hat, kann dem Rotationssport beim Platzreifekurs noch tiefer auf den Zahn fühlen. Na dann: Schönes Spiel!

FAZIT: RAFFINIERTE GREENS, TRICKREICHE BUNKER UND TEICHE BRINGEN SPANNUNG UND ABWECHSLUNG INS SPIEL.

EINE BIER-WALLFAHRT

... von Unterneukirchen über Tüßling nach Altötting

Extra **#2**

Von Brauerei zu Brauerei ins Pilgerherz Bayerns marschieren, dabei regionale Bierspezialitäten verkosten und den Geschichten vom Bierwallfahrtsführer lauschen? Das gibt's nur bei Raspl's Traumschmiede in Unterneukirchen.

Neben dem Gehen und dem Bier gibt es auch allerlei Lustiges und Wissenswertes zu erfahren.

Ganze zwölf Privatbrauereien gibt es in der Inn-Salzach Region. Eine Gegend, die auch für den Marien-Wallfahrtsort Altötting bekannt ist. Was ist also naheliegender, als Brauereien und Wallfahrten zu kombinieren, dachte sich Ernst Raspl, Besitzer vom Hotel Traumschmiede in Unterneukirchen. Und schon war die einzigartige Bierwallfahrt geboren.

Nach einer gemütlichen Anreise am Freitagnachmittag startet das gesellige Wochenende mit einem 4-Gänge-Bier-Menü in Raspl's Steak.Wirtshaus. Die perfekte Grundlage für den nächsten Tag, denn da heißt es pünktlich um 8.30 Uhr Parade stehen. Bierwallfahrtsführer Fritz wartet mit seinen Geschichten schon geduldig auf seine Schützlinge.

In insgesamt drei regionalen Brauereien darf auf dem Weg zum Altöttinger Kapellplatz gegessen und getrunken werden. Gestartet wird direkt ums Eck, in einer der kleinsten Brauereien Bayerns. Bei den Leidmanns (www.brauerei-leidmann.de) beginnt der Bier-Marathon mit einem traditionellen Weißwurstfrühstück. Für den langen Fußmarsch gestärkt, geht's vorbei an stattlichen Bauernhöfen, Obstbäumen und grünen Feldern, bis gegen Mittag die Brauerei Bräu im Moos (www.brauerei-braeuimmoos.de) lockt.

Angekommen im wunderschönen Biergarten der Landbrauerei genießt man sein Mittagessen mit besonderem Ausblick auf das Rotwildgehege. Hier im Landschaftsschutzgebiet Mörnbachtal wird seit 1871 nach alter Familientradition gebraut. Die Rast verdient man sich aber erst nach einem Blick in das kleine Brauereimuseum der Familie Münch.

Entlang des Waldes führt der Weg dann weiter. Die Doppeltürme der Stiftskirche von Altötting spitzen immer wieder über den Baumwipfeln hervor. Doch bevor das finale Ziel erreicht wird, erfährt man von den drei Schwestern Birgit, Iris und Sabine bei einer leckeren Brotzeit noch mehr über das Bierbrauen in ihrem Graminger Weissbräu (www.graminger-weissbraeu.de). Nach der Beurteilung der Weißbiere nach Farbe, Trübung und Geruch fällt der Endspurt schon ein wenig schwer.

Das Urgestein der Bierwallfahrtsführer ist Fritz Mayer – schon über 100 mal ist er die Strecke nach Altötting gegangen, aber er geht sie immer wieder gern.

Dem Ziel so nah und doch so fern. Leicht steht man in Graming nicht mehr auf, um die letzten Kilometer Richtung krönendem Abschluss, dem Kapellplatz in Altötting, zu meistern. Ein wenig Zeit bleibt am Zielort noch, um ein Pilgerbier aus der Familienbrauerei Hell-Bräu (www.hellbraeu.de) zu verköstigen, bevor der Shuttle-Service fährt.

Wieder zurück am Steak.Wirtshaus müssen einen die schweren Pilgerbeine nur noch in den Gastgarten führen. Mit regionalen Spezialitäten kann der wohlverdiente Feierabend in Raspl's Steak.Wirtshaus eingeläutet werden. Um sich zu vergewissern, dass der Pegelstand für einen erfolgreichen Wallfahrtstag spricht, schaut der Chef gerne selbst einmal an den Tischen vorbei.

FAZIT: BAYERISCHE GASTFREUNDLICHKEIT, BIERIGE G'SCHICHTEN UND REGIONALE BRAUKULTUR DER BESONDEREN ART ERLEBEN.

Hin & weg: Bahnhof Tüßling oder Altötting, weiter mit dem Bus bis zum Hotel Raspl's Traumschmiede, Tüßlinger Straße 1, 84579 Unterneukirchen; das Hotel bietet einen Shuttleservice an.

Beste Zeit: Mitte April bis Mitte Oktober.

Dauer & Strecke: 11 Std. für 16,5 km.

Ausrüstung: Gemütliches Schuhwerk und Bierdurst.

Wenn es Nacht wird: Im Hotel Traumschmiede (www.hotel-traumschmiede.de) ist man rund um die Bierwallfahrt bestens aufgehoben.

NOCH MEHR ESKAPADEN …

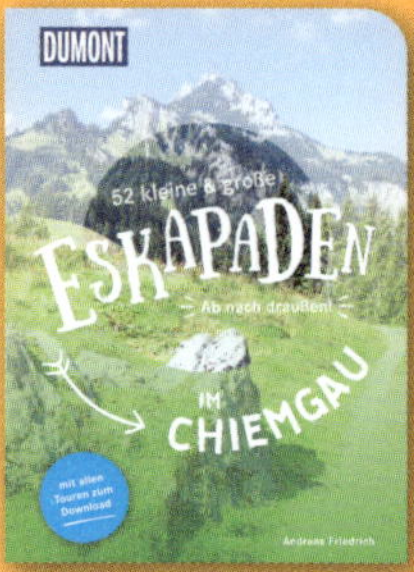

ISBN 978-3-7701-8095-0

ISBN 978-3-7701-8089-9

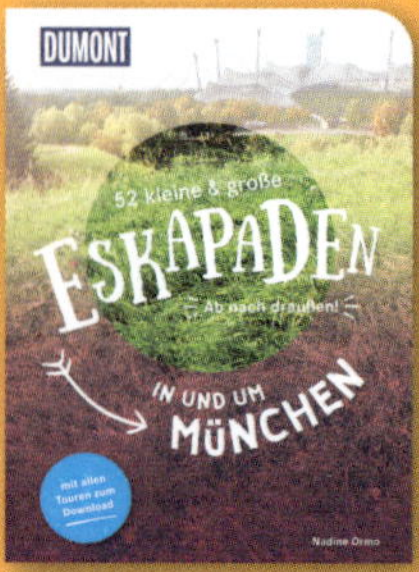

ISBN 978-3-7701-8075-2

IMPRESSUM

Reihenkonzept Monique Sorban

Projektmanagement Tamara Siedler

Cover-/Buchgestaltung & Illustrationen Carolin Weidemann, Köln, www.weidemann-design.com

Umschlaggestaltung, Lektorat & Produktion Verlagsbüro Wais & Partner (Meike Diekmann, Julia Kant, Bea König, Maximilian Göbel), Stuttgart, www.wais-und-partner.de

Text & Fotos Saskia Niedermeier und Sonja Hoffmann mit folgenden Ausnahmen: Florian Niedermeier (S. 6-7, 139 r.o.), Brigitte Haderer (S. 61 l.o., 196 l.o.), Laura Pannasch (S. 30, 32, 50, 51, 52 l.o., 53 r.o., 132–133, 135 r.o.), Maria Bruckmaier (Autorenfotos, S. 20, 52 l.u., 53 r.o., 74–77, 124–127, 149–151, 180 o.l., 198, 200, 214, 216, 232–235)

Advertorial Text & Fotos Saskia Niedermeier, Maria Bruckmaier (Fotos S. 232–235)

Kartografie © KOMPASS, Innsbruck, unter Verwendung von Kartendaten von © OpenStreetMap-Mitwirkende, Lizenz CC-BY-SA 2.0

Hinweis Alle Informationen wurden mit größtmöglicher Sorgfalt geprüft.

FSC www.fsc.org
MIX
Papier | Fördert gute Waldnutzung
FSC® C014138

Printed in Poland

1. Auflage 2024

ISBN 978-3-616-02822-4

www.dumontreise.de

Weiterlesen

Die Tageszeitungen und Onlineportale aus den Häusern OVB (www.ovb-online.de) und PNP (www.pnp.de) informieren täglich. Die Magazine »InnMagazin« (www.innmagazin.de, www.innsalzach24.com), »Aktiv« (www.aktiv.live) und »himmeblau« (www.himmeblau.com) enthalten Ausflugstipps, Veranstaltungen und Freizeitangebote.

Geschmackssachen

Ob urige Biergärten, Heimatwirtschaften (#51) oder Sternerestaurants: Die Region Inn-Salzach bietet die volle Auswahl. Besonders typisch: Teufelstoast (#28) und Steckerlfisch, Dampfnudeln (#50) und Kasspatzen. Oder zum selber ausprobieren: Hollakiachal, Bärlauchpesto und Douglasienbutter (#37) auf frischem Bauernbrot.

GUT ZU WISSEN ...

Ohne Auto

In Mühldorf laufen die Bahnlinien der Südostbayernbahn aus München, Salzburg, Passau, Landshut, Traunstein und Rosenheim zusammen. Darüber hinaus ist das gesamte Gebiet mit Bussen erschlossen (www.suedostbayernbahn.de; im Web oder als App: www.wohin-du-willst.de). Die meisten Eskapaden lassen sich von einem Bahnhof oder einer Bushaltestelle aus gut erreichen.

Sicherheit & Notfälle

Das Wetter ist oft unberechenbar, schnell überschätzt man Können oder Material: im Notfall die 112 wählen, um Rettungsdienste oder Wasserwacht zu alarmieren.

Vor Ort im Netz

Alle Infos zu Rad-, Wander- und Flusstouren, zu Veranstaltungen und Erlebnisangeboten findet man unter www.inn-salzach.com. Die heimischen Landwirte haben ihre Angebote unter www.bauernland-inn-salzach.de gebündelt.

ESKAPADEN-REGISTER ...

Alle Orte mit Seitenverweisen

SASKIA NIEDERMEIER

SONJA HOFFMANN

... über die Autorinnen

Saskia Niedermeier hat schon die halbe Welt bereist – ob in einem Ashram in Indien, mit dem Camper durch das Baltikum oder dem Rucksack quer durch die Karibik, sie weiß aus Erfahrung, wo es sich lohnt innezuhalten. Dass sie am Ende doch in der Heimat sesshaft geworden ist, ist der Liebe geschuldet. Aktiv Natur erleben und Neues entdecken kann man hier schließlich auch. Studiert hat sie Geografie und so richtig begeistert es sie, ihre Erlebnisse mit der Kamera festzuhalten und ihre Yogamatte auszurollen.

Sonja Hoffmann liebt es, Dinge so zu beschreiben, dass Bilder des Erlebten vor dem inneren Auge des Lesers entstehen. Sie ist in Texten zu Hause und hat in der Presse- und Öffentlichkeitsarbeit gearbeitet sowie für Zeitungen und Onlineportale geschrieben. Sie ist im Landkreis Mühldorf aufgewachsen und kennt dort jede Ecke ... dachte sie, bis sie begann, für die Eskapaden zu recherchieren. Mit ihren drei Kindern hat sie Naturlehrpfade, Radwege, Badestellen und Bauernhöfe erkundet.

Eine Wallfahrt, die ist lustig...

Extra#1: Die Bierwallfahrt ist keine reine Spaßveranstaltung, aber auch keine klassische Pilgerwanderung. Die 16 Kilometer gehen sich leicht und gesprächig, das Bier ist süffig und die Verpflegung in den Brauerein gut. So gähd ma' gern auf Eding!

Mitte finden

Eskapade #43: Wie man sein Glück findet, da gibt es unterschiedliche Ansätze. Zur Ruhe kommen, eine Runde Yoga und gutes Essen sind ein Anfang. In Schafdorn gelingt das besonders gut.

5 BESONDERE EMPFEHLUNGEN ...

Ins Mittelalter abtauchen

Eskapade #46: Die Burg Burghausen ist heute noch bewohnt und gerade deshalb wunderbar erhalten. Die historischen Mauern, Türmchen und Kapellen versetzen einen zurück ins Mittelalter, als hier Ritter und Herzöge wandelten.

Waldbaden

Eskapade #13: Man kann sich heute kaum noch vorstellen, dass Waldgebiete früher groß genug waren, dass man sich darin verlaufen konnte. Eine Ahnung davon bekommt man im Großhaager Forst, wenn man sich bei der Schwammerlsuche nicht gut genug orientiert hat.

Großstadtflair

Eskapade #17: Eine Wanderung über den dünn besiedelten Eschlberg bietet nicht nur ein paar einsame Kilometer, sondern auch überraschende Aussichten – die Chemiewerke der Region funkeln in der Nacht.